档案信息化建设 与创新管理探析

杜志刚 杨 薇 聂 敬◎著

吉林文史出版社

图书在版编目（CIP）数据

档案信息化建设与创新管理探析／杜志刚，杨薇，聂敬著．-- 长春：吉林文史出版社，2024.8. -- ISBN 978-7-5752-0590-0

Ⅰ. G270.7

中国国家版本馆 CIP 数据核字第 2024D0P189 号

DANG 'AN XINXIHUA JIANSHE YU CHUANGXIN GUANLI TANXI

书　　名	档案信息化建设与创新管理探析	
作　　者	杜志刚　杨　薇　聂　敬	
责任编辑	孙佳琪	
出版发行	吉林文史出版社	
地　　址	长春市福祉大路 5788 号	
网　　址	www.jlws.com.cn	
印　　刷	北京四海锦诚印刷技术有限公司	
开　　本	710mm×1000mm　1/16	
印　　张	13.5	
字　　数	225 千字	
版　　次	2025 年 3 月第 1 版	
印　　次	2025 年 3 月第 1 次印刷	
定　　价	58.00 元	
书　　号	ISBN 978-7-5752-0590-0	

前　言

　　档案信息化建设，作为我国档案事业发展的重要方向，不仅标志着传统档案管理模式的革新，更是适应新时代发展要求的必要举措。近年来，我国社会经济的迅猛增长，档案资源的数量和种类呈现出快速增长的态势，传统的档案管理方式已难以应对这一庞大的信息洪流。因此，有必要通过推进档案信息化建设，实现档案资源的共享与利用，提高档案管理的规范化和标准化水平，推动档案事业的创新发展。

　　本书内容丰富，围绕档案信息化建设与创新管理展开讨论。首先从历史的角度出发，追溯档案信息化的演变过程，并对其发展趋势进行展望。其次分别阐述档案信息化的基础管理流程、技术应用、资源转型和人才培养等关键环节。再次聚焦于不同领域档案管理信息化建设的创新实践，展示档案信息化在各个行业中的应用成果和经验。最后从宏观的视角出发，探讨中国档案事业的发展策略和现代化进程。

　　本书旨在全面而系统地阐述档案信息化建设的各个方面，并注重其实践应用的实效性，以期能为相关领域的从业者提供有益的借鉴与参考。同时，本书亦对档案信息化建设中的关键技术进行深入的剖析与探讨，为推动我国档案信息化建设的技术水平不断向前发展贡献力量。

　　在本书的书写过程中，笔者得到众多专家、学者的鼎力支持与悉心指导，对此表示由衷的感谢。然而，鉴于笔者水平有限，加之时间紧迫，书中所涉及的内容可能存在一些疏漏与不足之处。因此，笔者热切期盼各位读者能够不吝赐教，提出宝贵的意见与建议，以便能够进一步完善本书的内容，更好地服务于广大读者。

作　者

2024 年 5 月

目　　录

第一章 档案信息化的演变与建设动向

●●▶ 第一节 档案信息化的演变与发展

一、档案信息化的演变

档案信息化，作为当今社会技术进步的显著标志，不仅显著地提升档案管理和使用的效率，更深刻地影响档案事业的整体发展方向。这一历程跨越多个阶段，每个阶段都伴随着技术的革新和管理的创新，为档案事业的繁荣发展注入新的活力。

（一）起步阶段：纸质档案与计算机技术的初步结合

档案信息化管理的起步可以追溯到 20 世纪 60 年代，当时，档案管理是以纸质档案为主。纸质档案虽然具有悠久的历史和深厚的文化底蕴，但其管理效率和使用便捷性却受到很大的限制。然而，随着计算机技术的逐步发展，人们开始意识到，利用计算机技术处理档案信息，能够提高档案管理的效率和准确性。

在这一时期，档案管理开始尝试利用简单的计算机系统，如数据库技术，对档案进行初步的分类、存储和检索。尽管这些技术的应用范围有限，但无疑为后续的档案信息化管理奠定了坚实的基础。同时，档案工作人员也开始接触和学习计算机知识，逐渐掌握基本的计算机操作技能，为后续的档案信息化管理工作做好知识储备。

（二）初级阶段：数字化管理的雏形初现

进入 20 世纪 70 年代初期，随着计算机技术的进一步发展，档案信息化管理进入初级阶段。此时，一些大型机构开始引进更为复杂的计算机系统对档案进行管理。这些系统不仅能够对档案进行更为精细的分类和存储，还能够实现档案信息的快速检索和查询。此外，数字化管理的雏形也开始出现，一些机构开始尝试将纸质档案转化为电子文件，以便更好地进行管理和利用。

在这一阶段，档案工作人员需要进一步提升自己的计算机技术水平，并学会如何使用专业的档案管理软件。他们还需要了解数字化档案的特点和优势，以便更好地利用这些新技术来提高档案管理的效率和质量。同时，档案机构也开始加强与其他相关部门的合作，共同推动档案信息化管理的进程。

（三）中期发展：数字化处理的广泛应用与互联网技术的融入

到了 20 世纪 80 年代中期，档案信息化管理进入中期发展阶段。这一时期，随着计算机技术的迅猛发展和互联网的普及，大量的档案开始被数字化处理。通过扫描、识别等技术手段，纸质档案被转化为电子文件，不仅方便了存储和检索，还提高了档案信息的可读性和可用性。同时，档案管理系统也得到进一步的完善，开始支持更为复杂的操作，如数据的编辑、修改、删除等。此外，随着互联网技术的融入，档案信息共享和交流变得更加便利。不同机构之间可以通过互联网进行档案信息的共享和合作，打破了地域和时间的限制，提高了档案信息的利用价值。在这一阶段，档案工作人员需要具备更高的计算机技术水平和更强的创新能力。他们需要学会如何利用互联网技术进行远程访问和协作，以及如何利用大数据和云计算等新技术来提高档案管理的效率和质量。同时，他们还需要关注网络安全问题，确保档案信息的安全和隐私得到保障。

"档案管理自动化"这个术语的产生直接催生我国档案学专业核心课程——档案管理自动化。为此，1987 年，中国档案出版社出版了耿立大等编写的《档案自动化基础》，1989 年南京大学出版社出版了"高等学校文科教材"《档案管理自动化基础》。细究档案管理自动化阶段计算机在档案管理中的应用，发现其内容重点在档案的自动编目、自动检索、自动统计和自动借阅等方面。自动编目、自动统计和自动借阅主要依靠常规计算机软件进行，算法简单。因此，这一时期的研究主要集中于档案的计算机检索原理和检索算法，1993 年南京大学出版社还出版了教材《档案检索自动化基础》，系统讲解了档案计算机检索系统的开发、研制、核心算法及其原理。

1993 年，中国人民大学出版社出版了"高等学校文科教材"《档案计算机管理教程》，标志着"档案管理自动化"逐渐向"档案计算机管理"演变。《档案计算机管理教程》相比《档案管理自动化基础》，除了增加"自动标引"等内容外，没有太大变化。

综合考察 20 世纪 80 年代到 90 年代中期的档案计算机管理，使用频率比较高的术语有"档案管理自动化""档案计算机辅助管理""机读文件""自动标引""自动检索"等。这一时期，计算机在档案管理中的应用及研究呈现以下三个特点：

第一，基于单机环境下的档案管理自动化。由于这一时期网络技术在我国尚未普及，因此，档案管理自动化应用只能基于单机环境。研究重点包括单机版的档案管理系统软件的开发与设计以及自动标引、自动检索的算法设计等。20 世纪 80 年代末到 90 年代初有关主题、关键词及文本自动抽取方法的研究成为档案管理自动化的一个技术热点，产生了一批较有影响的研究成果。

第二，局限于档案工作的辅助管理。这一时期应用研究局限于档案工作的辅助管理。主要研究对"档案"的自动编目、自动检索、自动统计和自动借阅等，没有和"文件管理"结合起来，缺乏对"文件档案一体化管理"的思考。同时，忽略了从"用户"利用的角度进行思考，过多关注"档案"本身而忽视"人"的因素，比如"如何利用计算机技术改善档案的利用方式，提高档案的利用率"等课题没有得到足够的关注和重视。

第三，关注计算机知识的普及与培养。档案部门长期以来形成的手工管理模式已经成为一种习惯、一种制度安排，形成"路径依赖"。新技术的到来打破这种"惯性"，很多人不习惯。不习惯的原因之一是计算机知识的缺乏造成的畏难情绪，还有一个是对新生事物本能的排斥情绪。因此，要打破惯性，超越"路径依赖"，需要外部和内部力量的共同作用。从内部看，主要是加强计算机知识的普及和计算机意识的培养，一些理念比较超前的档案部门竞相进行计算机硬件和软件的配置工作以及计算机技术人员的培训，在一定程度上提高了档案部门人员的信息技术素养。

（四）成熟阶段：功能丰富、智能化的档案管理系统

进入 21 世纪后，"采用信息化手段进行档案管理已成为现代社会发展的必然趋势，是档案工作适应新形势、满足人民群众日益增长的精神文化需求的客观需要"①。国家档案局在 2000 年提出推进档案信息化建设的任务。从此，"档案信息化"以绝对主流的使用频率取代"档案管理现代化"，成为 21 世纪档案计算机管理领域的标志性术语，这一术语的转变也标志着档案计算机管理从专指性、专门性的管理与应用向与整个社会信息化协调发展的转变，档案信息化建设成为档案事业发展的"重心"。

2001 年，国务院办公厅印发《全国政府系统信息化建设 2001—2005 年规划纲要》，确立我国大体用 3—5 年时间建设以"三网一库"为基本架构的政务信息化框架。各级档案部门积极参与电子政务建设，电子政务的建设和快速发展使得原有的一些电子文件管理理论"难题"有了解决平台，档案管理部门重整电子政务环境下的档案信息化工作思路。2002 年，国家档案局中央档案馆发布《全国档案信息化建设实施纲要》，标志着档案信息化工作进入国家战略阶段。2004 年 11 月召开的国家信息化领导小组会议纪要中明确把档案信息化列入国家信息化基础信息库的建设计划。

除了"档案信息化"之外，该阶段比较能够反映当时历史特征的术语主要有"电子政务""数字档案馆""电子文件中心""国家战略"等。这一时期档案信息化建设应用与研究相比前两个阶段有如下三个特点：

1. 管理模式向服务模式转变

管理模式是指将计算机技术仅仅作为辅助档案管理的工具，即以"档案"为中心的模式；而服务模式则是指除了辅助管理档案之外，还要研究如何利用信息技术提高档案信息资源的利用率，即以"用户"为中心的模式。

近年来，公共档案馆研究的兴起，有关档案馆功能和职能的探讨越来越多，人们更深刻地认识到档案馆不仅是保护历史记忆的场所，更是提供服务的场所。

---

① 张梦娜. 档案信息化建设与档案管理的研究［J］. 中国管理信息化，2024，27（05）：166.

档案馆只有积极开展利用服务，开发档案信息资源，拓展服务功能，提高社会服务效益，才能促进档案事业健康稳定发展。目前，档案数据资源库的建设正从目录数据库建设向全文和多媒体数据库建设转变，丰富的数字档案资源，加上各种档案网站、数字档案馆的检索平台，形成初具规模的以"用户"为中心的档案馆服务模式。

2. 由自发分散向以国家战略为指导模式转变

档案信息技术革命的前两次浪潮对档案部门的管理方式产生很大冲击，但地方档案信息化建设基本上是自发和分散的。例如国家档案局提出加强电子文件归档与管理规范的研究后，很多省市档案部门把该内容作为主要的项目上马。一方面，出现了一批具有地方特色的"典型"，如吉林省白城市的"档案局超前指导，档案馆提前接收"的电子文件管理实践，上海市的长宁模式、静安模式，深圳的数字档案馆建设，江苏的电子文件中心等。这些典型对推动其他地区的档案信息化建设起到了良好的示范作用。另一方面，地方也出台各自的标准、规范、办法等。然而，地方自发分散的建设给国家档案信息资源整合设置了障碍，数据库异构、软件不兼容、标准不一致的问题频出。2005 年，冯惠玲等发表了论文《电子文件管理国家战略刍议》，提出"国家战略"思想，并申请国家自然科学基金，积极从国家战略层面展开电子文件管理研究。电子文件管理涵盖档案信息化的主要内容，因此，电子文件管理向国家战略的转变标志着档案信息化建设也由自发分散向以国家战略为指导模式转变。

3. 由档案数字化向档案信息资源整合转变

2000 年 12 月 10 日全国档案工作会议通过的《全国档案事业发展"十五"计划》中提出加快现有档案的数字化进程的任务，并提出在北京、天津、辽宁、上海、陕西、山东等地开展档案工作应用数字化和网络化技术的试点。2002 年国家档案局中央档案馆发布的《全国档案信息化实施纲要》中提出：积极推进档案数字化进程，加强对珍贵、重要档案的保护，提高档案利用的效率和水平。

但到了 2006 年国家档案局则重点强调要加大档案信息资源管理力度，有序推进传统载体档案的数字化进程，科学整合各类档案信息资源，促进档案信息资源总量增加、质量提高、结构优化。如果说之前的档案数字化建设是"量"，那么档案信息资源整合则是"质"。"质量提高，结构优化"是档案信息化建设经过时间和实践检验后的必然转变。

巨大的信息技术浪潮以不同寻常的方式改变、创造着人们的生活、工作以至整个社会，如何应对，是档案工作者和档案研究者要不断思考和研究的话题。随着人工智能、大数据等技术的不断发展，档案管理系统也开始向智能化、自动化方向发展。系统能够自动完成一些烦琐的工作，如档案的分类、整理等，减轻了档案工作人员的工作负担。同时，通过数据挖掘和统计分析等技术手段，系统还能够为决策者提供有价值的参考信息，为档案事业的决策提供科学依据。

在这个阶段，档案工作人员需要具备跨学科的知识和技能，以便更好地应对各种挑战和机遇。他们需要学会如何利用人工智能和大数据等新技术来提高档案管理的效率和质量，以及如何利用这些新技术来开展创新性的研究和服务。同时，他们还需要关注国际上的发展趋势和最佳实践，以便不断改进和完善自己的工作方法和流程。

二、档案信息化的发展思考

第一，技术进步的推动。随着互联网、大数据、云计算等技术的飞速发展，档案信息化迎来前所未有的发展机遇。这些先进技术的应用，使得档案管理系统得以优化升级，实现档案信息的高效存储、快速检索和便捷共享。具体而言，云计算技术为档案数据的存储和计算提供强大的支撑，大数据技术则帮助档案管理机构挖掘档案信息的潜在价值，而互联网技术则打破地域限制，使得档案信息可以在全球范围内流通。

第二，档案资源的整合与共享。在传统档案管理模式下，档案信息往往分散于各个部门和地区，难以实现有效的共享和利用。而档案信息化则通过建设统一的档案管理系统，将档案信息集中存储、统一管理，使得档案信息可以在不同部门、不同地区之间方便地进行共享和交流。这不仅提高了档案管理效率，降低了管理成本，也为档案信息的深入开发和利用奠定了基础。

第三，档案服务的创新与发展。传统的档案服务方式往往以纸质档案为主，查询和利用过程烦琐且效率低下。而档案信息化则通过引入在线查阅、档案检索等功能，使得档案服务更加便捷、高效。用户可以通过互联网随时随地访问档案信息管理系统，快速检索到所需的档案信息，并进行在线查阅和下载。这不仅提高了档案服务的效率和质量，也满足了用户对档案信息快速获取的需求。

第四，信息安全问题的凸显。随着档案信息化程度的不断提高，档案数据面临着越来越多的安全威胁，如数据泄露、篡改、丢失等。这些安全威胁不仅可能导致档案信息的损失和破坏，还可能对国家安全和社会稳定造成不良影响。因此，档案信息化的发展必须与信息安全相协调，采取有效的信息安全措施，确保档案信息的安全和完整。

第五，法律法规的完善与保障。为了规范档案信息化的建设和运行，保障档案信息的安全和完整，各国政府纷纷出台相关的法律法规和政策文件。例如我国于 2016 年修订了《档案法》，明确档案信息化的基本原则和要求，为档案信息化提供法律保障。同时，各级档案管理机构也制定了一系列档案信息化管理制度和规范，以确保档案信息化的规范运行和可持续发展。

第六，国际合作与交流的加强。随着全球化的深入发展，各国之间的档案机构开始加强合作与交流，共同推动全球档案信息化的发展。这种合作与交流不仅有助于各国档案管理机构之间互相学习、借鉴先进经验和技术，也有助于推动全球档案信息的共享和交流，促进全球档案事业的发展。

▶▶▶ 第二节　档案信息化的基本分析

一、档案与信息化

（一）档案的概述

档案是人类社会发展到一定阶段的文明产物，是人类社会实践活动的原始记录。档案，是指过去和现在的机关、团体、企业组织和其他组织以及个人从事经济、政治、文化、社会、生态文明、军事、外事、科技等方面活动直接形成的对国家和社会具有保存价值的各种文字、图表、声像等不同形式的历史记录。

1. 档案的特点

第一，来源的广泛性。档案来源于各种机构和个人，是在他们从事政治、经济、科学、技术、文化等活动的过程中产生的。档案来源的广泛性指的是档案所涵盖的信息和资料来自多种多样的渠道。同时，档案内容还具有丰富性，档案事务还具有社会性。

第二，形成的原始性。档案的真实背景应当与其创造或记录时期相符，以确保其形成原始性。档案形成的原始性是指档案在产生的时候所处的上下文环境和背景是真实和原始的，没有经过篡改、修改或操控。在档案学领域，保持档案形成的原始性是至关重要的，因为它关系到档案的可信度、可靠性和历史价值。在确认档案的原始性时，必须考虑档案的来源是否可信。可靠的原始来源和渠道有助于验证档案的真实性。为保护档案免受自然灾害、人为破坏或恶意篡改的影响，应采取适当措施。这包括但不限于合理的储存条件和安全措施。

第三，生成的条件性。档案在成为档案之前，是文件。转化成档案的文件必须是已经处理完的，只有当一份文件已经完成了传达和记录的使命，它才具有参考的价值，也才可以转化成档案。而且档案必须是整理过后形成的有序的、完整的文件材料。

第四，记录的完整性。档案的完整性是指档案作为记录信息的载体，所包含的信息内容在创造、保存、传播和使用过程中保持完整、准确、不受损失和篡改的状态。保障档案的完整性不仅是对历史真实性和文化传承的尊重，也是对信息可靠性和社会秩序的维护。只有保持档案的完整性，才能确保档案所蕴含的信息能够为各种用途提供有力的支持。

第五，信息的权威性。档案信息的权威性是指档案所载信息的可信程度和准确性，是评价档案价值的重要指标之一。影响档案权威性的因素包括时间因素、形成因素、管理因素。在现代社会，档案扮演着重要的角色，不仅应用于学术研究，还广泛应用于法律、行政、经济等领域，因此，其信息权威性显得尤为重要。

第六，记录利用的传承性。档案利用的传承性是指档案不仅仅是历史信息的记录，更具有传承和利用的功能，能够为后人提供有关过去经验和知识的宝贵资源。这种特性使得档案在跨越时空的过程中，持续地为人们的学术研究、文化传承以及社会发展提供有益支持。随着数字化技术的发展，档案利用的传承性得到进一步的加强。

2. 档案的价值

（1）凭证价值。档案作为历史记录，内容真实可靠，是当事人活动的直接反映，可作为历史见证的可靠依据。在经营、管理或权益维护中，档案成为不可或缺的凭证材料。

（2）标记价值。档案的形式特征中，包含各种标记，如公章、签名、手稿、录音、照片等，成为真实的历史标记。

（3）参考价值。档案记录历史过程、意图、思想等，为查考过往、总结经验、研究规律等提供可靠素材，有助于提高工作效率。

（4）经济价值。档案为企业提供决策依据，证明权益和产权，推动文化产业发展，创造经济效益。档案的数字化和网络化也给经济发展带来新机遇。

（5）文化价值。档案是文化遗产的一部分，记录历史、文化和社会信息，为学者研究历史和文化提供重要资料，传承民族文化，见证社会变迁。

（6）科学价值。档案中蕴含历史数据、文献等宝贵信息，为科学研究提供依据，推动科学教育发展，为科学史研究提供重要依据。

3. 档案的作用

（1）重视影响档案作用的发挥条件。社会环境，涵盖社会制度、法治状况、方针政策以及经济发展水平等诸多要素，这些要素共同决定档案作用发挥的程度与方向。档案意识的强弱，即人们对档案价值的认知与重视程度，直接影响着档案利用的需求和频率。档案管理水平的提升，需要建立健全的档案管理体系、采用科学的管理方法以及现代化的管理手段，这些举措将有效促进档案作用的充分发挥。此外，档案保护政策和法规的制定与实施，对于确保档案的合法性与有效性，维护档案的安全与完整，亦具有不可替代的重要作用。

（2）档案具有显著的双重性作用。一方面，档案作为组织内部管理和决策的重要工具，发挥着举足轻重的作用。它有助于促进组织内部的沟通协作，实现信息的有效共享和知识的顺畅传递，从而为组织的决策提供有力的参考依据。另一方面，档案也是社会公众获取历史信息、了解组织发展历程的重要途径。通过查阅档案，公众能够更深入地了解组织的过去和现在，从而增强对组织的信任和认可。同时，档案也为研究者提供宝贵的研究素材，有助于推动相关领域的学术研究和发展。

（3）逐步降低档案的机密等级。档案保密工作涉及档案利用的范围和程度，必须严格遵守国家的相关法律法规。随着时间的推移，档案的机密性会逐渐减弱，管理者应当依据法律规定，逐步扩大档案的开放范围，以充分发挥档案的潜在价值，实现档案的有效利用。

（4）推动档案功能的多元化发展。档案的应用领域不仅局限于其原始的形成目的，更有可能向社会经济研究、领土谈判证据、宣传教育素材等多个领域进行延伸和拓展。对档案作用范围的扩展和功能的多元化趋势进行深入了解和把握，有助于全面而准确地评估档案的综合价值，进而科学合理地挑选和留存具有重要价值的档案。

（二）信息化的概念与发展

1. 信息化基本概念

信息化是当今世界发展的大趋势、大潮流，是各地区、各领域发展的战略制高点。在档案信息化建设的理论研究和实践推进中，档案工作者需要掌握信息化的基本概念和特点。

信息化是指社会经济结构从以物质与能源为重心向以信息与知识为重心转变的过程。也就是在经济和社会活动中，通过普遍采用信息技术和电子信息装备，更有效地开发和利用信息资源，推动经济发展和社会进步，使利用信息资源创造的劳动价值在国民经济生产总值中的比重逐步上升，直至占主导地位的过程。因此，信息化不是一种固定的状态，而是一个动态变化的过程。这个过程有着丰富的内涵，包含两个支柱、三个层面、四个特点。

"两个支柱"是指数字化和网络化。数字化是将现实世界中的各种模拟信息转变为以二进制代码表示的数字信息，供计算机处理和网络传输的过程。数字化是信息化的基础，没有数字化就没有计算机技术和信息技术。网络化是指利用通信技术和计算机技术，把分布在不同地点的计算机及各类电子终端设备互联起来，按照一定的网络协议相互通信，以达到所有用户都可以共享软件、硬件和信息资源的目的。网络化是信息化的手段，没有网络化，计算机终端就成为"信息孤岛"，难以提升数字信息的价值。由此可见，档案信息化建设必须紧扣住数字化和网络化两个主题。

"三个层面"：一是信息技术的开发和应用过程。这是信息化建设的技术基础，信息技术的开发和应用是信息技术与档案工作有机结合和融合的过程。在很大程度上影响档案信息化发展的效率和质量。二是信息产品制造业不断发展的过程，这是信息化建设的物质条件。信息产品包括计算机软硬件和网络产品，它在很大程度上决定档案信息化平台建设质量，也进而决定档案信息系统建设的水平。三是信息资源的开发和利用过程。这是信息化建设的核心与关键。档案信息资源是档案信息化管理和利用的对象，其本身的规模和质量，以及潜在和显性的价值，决定档案信息化的效率和效益。这三个层面是相互促进、共同发展的过程，需要全面、协调、持续地投入和发展。在档案信息化建设过程中，需要建立档案信息化发展长效机制，充分利用和平衡这三个层面的互动关系。

"四个特点"：一是渗透性，信息化可以渗透并融入人类社会生活的各领域，深刻改变人类的工作、学习、交流、生活等方式。二是增值性，信息化可以实现信息的增值，使信息转变为信息资源，进而转换为知识，通过网络共享，广泛地传递信息、传承文化、传播知识，不断提升信息资源创造的社会价值和经济价值。三是创新性，信息技术的应用能够带来管理观念、管理理论、管理方法和管理手段的全面创新。四是带动性，信息化可带动档案行政管理和档案业务管理水平的全面提升。

2. 信息化的发展特点

（1）强大的渗透性。信息化不仅仅体现是一种技术手段，更是一种全方位的社会变革。它渗透并融入人类社会生活的各个领域，深刻地改变了人们的工作、学习、交流和生活方式。从生产领域到日常生活，信息化的影响无所不在，形成一个全新的信息社会。

（2）信息化具有显著的增值性。通过信息化，原本零散的信息得以集成，转变为有机的信息资源，进而演化为知识的积累。这一过程通过网络的广泛共享，使得信息、文化和知识能够迅速传递、交流，不仅提升信息资源创造的社会价值，也推动经济的发展。信息的增值过程不仅仅是单纯的技术堆砌，更是对社会智慧的集聚和发挥。

（3）信息化的发展具备显著的创新性。管理与技术相互渗透，形成良性循环，推动着社会的不断进步。同时，对管理思维的创新也反过来提高信息技术应用的水平和效能，形成一种相互促进的创新机制。

（4）信息化呈现出强烈的带动性。它不仅仅在技术上的突破，更在档案行政管理和档案业务管理方面起到了积极的带动作用。信息化推动档案管理水平的全面提升，使得档案工作更加高效、便捷。通过数字化手段，档案管理得以更好的整合、传承，为社会提供更可靠的信息支持。

（三）信息化与档案工作的融合

信息化与档案工作的融合发展的本质上是档案工作和信息技术的结合，其成功与否也取决于这两者的融合，这种融合从概念到实践都是一场深刻的革命，赋予两者崭新的内涵。档案信息化是指在国家档案行政管理部门的统筹规划和组织下，以档案信息资源建设为核心，以信息人才为依托，以法规、制度、标准为保障，全面应用现代信息技术，不断改革传统的档案管理模式，有效提高档案信息资源收集、管理和提供利用服务水平，加速档案管理现代化的进程。信息化与档案工作的融合规律如下：

1. 必须树立强烈的效益意识

"随着时代的不断进步，信息技术的飞速发展，信息化建设已经逐渐渗透到社会发展的各个层面，面对这样的形势，大力推进档案信息化建设是档案事业适应时代和社会发展的必由之路，更是提高档案管理能力和档案信息服务水平的必然选择。"[①] 档案信息化需要遵循经济规律，力争取得务实的效果。要树立大目

---

① 李娟. 浅谈档案信息化建设 [J]. 中国管理信息化，2017, 20 (17)：198.

标，需要致力于解决传统档案管理中遇到的收集难、著录难、整理难、保管难、内容检索难、多媒体编研难，以及电子文件的保真、保密、保用等问题，力争提升档案科学化、规范化的管理水平和服务水平，在促进改革开放，经济发展、文化繁荣以及社会法治化、民主化进程中建功立业。

档案信息化的概念是在档案工作与信息技术相结合，档案管理理论研究和实践推进相结合的过程中逐步形成的。档案界曾经有过许多与档案信息化类似或相关的概念，都强调某些侧面，如"档案管理自动化"，强调包括微机、微电子、缩微、复印、传真等自动化技术在档案管理中的应用；"计算机辅助档案管理"，强调应用计算机人机交互、对话的方式，辅助档案管理的各项业务工作；"档案现代化管理"，除了强调档案管理应用计算机技术，实现管理手段的现代化以外，还强调档案管理理念、体制、方法的现代化；"文档一体化管理"，强调运用文件生命周期的理论，从公文和档案管理工作的全局出发，应用计算机技术实现档案的全过程管理和前端控制，提高文档管理的效率和质量。这些与档案信息化相关的概念形成，都是计算机技术及其在档案工作中应用状态、发展水平的标志，既反映档案信息化理论研究和实践探索的阶段性成果，也反映我国档案信息化发展的轨迹。

2. 改革传统的档案管理模式

改革档案管理模式，实现信息化与档案工作的有机结合，成为当务之急。

（1）采用纸质档案，管理烦琐，检索不便。而在信息化时代，电子档案的使用已经成为不可忽视的趋势。电子档案可以更加方便地存储、检索和传递信息，提高工作效率。因此，改革档案管理模式，推动电子档案的应用，是信息化与档案工作融合发展的一项关键举措。

（2）档案管理的信息化发展需要强化网络安全保障。随着信息技术的不断发展，档案的电子化管理成为趋势，但同时也伴随着信息泄露、网络攻击等风险。因此，在推进信息化与档案工作的融合发展过程中，必须加强网络安全防护措施，建立健全的信息安全管理制度，确保档案信息的安全可控。

（3）融合发展还需要加强档案工作与信息技术人才的培养。传统的档案管理人员可能缺乏信息技术方面的知识，而信息技术人才又对档案管理的专业要求了解不足。因此，推进信息化与档案工作的融合发展，需要加强培训，培养既懂档案管理又懂信息技术的复合型人才，以适应新时代档案管理的需求。

（4）在推动信息化与档案工作融合发展的过程中，还须加强法律法规的制定和完善。由于电子档案的特殊性，其管理涉及信息安全、隐私保护等多个方面的法律问题。因此，需要通过制定相关法规，明确档案管理的法律责任，为信息化与档案工作的融合提供有力的法律支持。

3. 明确部门统筹规划和组织实施

档案信息化是事关全局和影响深远的复杂的系统工程，需要人才、设备、资金等方面的支持，需要全面、持续、稳步地推进，并需要经历较长的完善过程。因此，档案信息化不能各自为政、分头建设，而必须由各级国家档案行政管理部门建立统一的规划、制度、规范、标准，实行宏观管理和监督指导。同时，需要精心组织实施，在技术平台、网络体系、组织机构、人才队伍、资源建设、基础业务、建设经费等方面提供保障，才能确保这项事业持续有效地开展。

4. 以档案信息资源建设为核心

从某种意义上说，档案信息化的核心目标是使档案信息"资源化"，即将档案信息转换为真正意义上的档案信息资源。资源化是应用信息技术，使档案信息媒体多元化、内容有序化、配置集成化、质量最优化、价值最大化，通过档案信息系统的加工处理，确保各种社会信息的真实、完整、有效，便于跨越时空广泛地共享利用，在实现档案信息增值的同时，承担起传承人类记忆的历史使命。

5. 建立相应的法治保障体系

建立相应的法治保障体系是适应信息技术应用发展的必然要求。信息技术的迅猛发展给传统的保障体系提出全面的挑战。因此，为了保障档案信息系统的科学建设和有效运行，必须根据信息技术的特点和应用要求，制定和完善相应的法规、制度、标准和规范。

（1）建立健全的法规体系，以明确档案信息化管理的法律依据和规范。这些法规应当充分考虑信息技术的快速更新和不断变化的特点，保证其具有及时性和灵活性。法规的制定需要广泛征集专业领域的意见，形成科学合理的框架，使之能够适应信息技术的不断创新和应用。

（2）制定相关的制度，确保档案信息化管理的有序进行。这包括档案采集、存储、检索、传递等方面的制度，以及信息技术设备的管理和维护制度。通过明确各项制度，可以有效规范档案管理的各个环节，提高工作效率，降低管理风险。

（3）需要建立一套完善的标准体系，以规范档案信息系统的建设和运行。这些标准应当涵盖技术、安全、管理等多个方面，确保档案信息系统的稳定性和安全性。标准的制定应当参考国际上的先进标准，借鉴国际经验，使得我国的档案信息系统达到国际水平。

（4）建立档案管理的规范，明确操作流程和责任分工。规范可以作为操作手册，为从业人员提供明确的操作指南，确保档案管理的科学性和规范性。规范还可以作为评价档案管理工作的依据，促使相关机构不断提高管理水平，适应信息技术的快速发展。

6. 全面应用现代信息技术

全面应用现代信息技术，对于实现信息化档案管理的高效、安全、便捷至关重要。

（1）现代信息技术的广泛应用提高档案管理的效率。传统的档案管理往往依赖于纸质文件，管理烦琐且容易出现丢失、损毁等问题。而通过信息化技术，可以实现档案的数字化存储、检索和管理，提高档案的整体管理效能。利用数据库、云存储等技术，档案管理员可以轻松地查找、编辑、存储和分享信息，加快工作流程，减少冗余操作，提高管理的准确性和及时性。

（2）信息技术的应用使档案管理更加安全可靠。数字档案可以通过加密、权限管理等手段，保障信息的安全性。相比之下，纸质档案容易受到自然灾害、人为破坏等因素的影响，而数字档案在多个服务器上备份，降低信息丢失的风险。此外，通过现代信息技术，可以建立健全的审计系统，监测档案的访问记录，及时发现并防范潜在的信息安全隐患，确保档案的完整性和可信度。

（3）信息技术的应用为档案管理提供更多的便捷和灵活性。云存储技术使得档案可以跨地域、跨部门共享，极大地方便信息的传递与交流。远程办公、移动端应用的兴起，使得档案管理员可以随时随地进行管理工作，不再受时间和空间的限制。同时，利用人工智能等先进技术，可以实现对档案的智能化分类、标注和推荐，提高档案管理的智能化水平。

7. 建立高素质的档案信息人才队伍

档案信息化是档案专业、信息专业和计算机专业的结合，属于技术密集和知识密集型专业。传统的档案干部队伍结构和人员知识结构已经不能完全适应档案信息化的需要。目前，档案部门缺乏档案专业和信息技术专业的复合型跨界人才，特别是中、高级信息技术专业人才，这已经成为档案信息化深入发展的瓶颈。因此，一方面，要引进和培养相关人才；另一方面，要通过建立有效的激励机制，鼓励档案人员学习信息技术知识，提升档案信息化水平。

二、档案信息化的核心要素

档案信息化建设是现代档案管理发展的重要趋势，它不仅需要计算机化和网络化，还需要人才、规制等多种要素的共同作用。

第一，档案信息网络是档案信息化建设的核心要素之一。它是档案信息实现传输、交换的渠道，也是档案信息资源共享的重要手段。在档案信息化建设中，提高应用计算机管理档案的普及率，加强局域网建设，特别是与当地政务网的联通，是档案信息网络建设的重要任务。

第二，档案信息资源是档案信息化建设的另一个核心要素。它包括各种在线或离线的档案信息，其中最典型的是档案信息数据库。档案信息资源的开发利用是档案信息化建设的重要内容，主要包括档案目录数据库建设、档案目录中心建设、电子文件归档管理、传统档案的数字化、档案全文数据库和多媒体数据库建设等。

第三，档案信息人才是档案信息化建设的关键要素。主要包括四个方面：一是档案信息化建设中有领导能力和组织能力的领军人物；二是档案信息化技术开发的专业人才；三是档案管理实践中积累、整理、开发档案信息资源的专门人才；四是社会实践活动中利用档案资源的用户。

第四，信息技术也是档案信息化建设的重要支撑。主要包括数据库技术、数据与数字化技术、网络及数字通信技术和数字信息存储技术等。这些技术的应用，可以提高档案信息化的效率，使档案信息资源的开发利用更加便捷。

第五，信息装备是档案信息化建设的物质基础。主要包括计算机及网络终端，网络通信设备，高速、高可靠性、高安全系数的网络环境，信息输入、输出、存储、传输的技术装备等。这些装备的配备，可以提高档案信息化的硬件水平，为档案信息化建设提供坚实的基础。

三、档案信息化的意义

档案信息化的根本意义在于触发并推进档案管理效率和服务质量提升，以此来提高档案管理人员素质，丰富公众的信息生活，促进信息产业的发展。

（一）转变档案工作者的观念，营造良好职业环境

档案信息化不仅仅是一种技术手段，更是一种管理理念的变革，通过数字化、网络化、智能化等技术手段，实现对档案管理全过程的信息化处理，从而为档案工作者提供更为高效便捷的工作方式，推动工作观念的更新与转变。

第一，档案信息化为档案工作者提供更为高效的工作手段。传统档案管理往往依赖于纸质文档，手工整理和查询的方式效率较低，容易出现信息遗漏和错误。而档案信息化使得档案数据能够以数字形式存储和管理，通过电子搜索和检索等技术手段，提高档案的管理效率。档案工作者能够迅速准确地获取所需信息，减少烦琐的手工操作，使得工作更为轻松高效。

第二，档案信息化使得档案工作者的工作观念得以更新和升级。在信息化的环境下，档案工作者不再局限于传统的档案管理方式，而是需要具备一定的信息技术能力和信息安全意识。这促使档案工作者不断学习新知识、更新技能，从而适应信息化时代的要求。这种转变不仅提高了工作者的综合素质，还使得其在职业生涯中更具竞争力。

第三，档案信息化还能够为档案工作者创造更为良好的职业环境。通过自动化处理、智能化分析等技术手段，档案信息化减轻了档案工作者的重复性劳动，使得工作更富有挑战性和创造性。同时，信息化也提高档案管理的准确性和可靠

性，降低出错的可能性，为档案工作者提供更为安全、稳定的工作环境。这样的职业环境将有助于激发档案工作者的工作热情和创造力，提升整个团队的工作质量。

（二）引进先进适用的技术，促进档案工作的提升和完善

先进和适用的技术永远是档案信息化发展的强大动力。只有进行档案信息化实践，才能使技术的先进性和适用性取得统一，产生效益。这种统一是档案信息化的核心，它促使先进的信息技术与档案管理有机结合，对档案和档案工作产生带动和增值作用。因此，充分认识档案信息化的重要性，以保持激发档案工作者引进和吸收新兴信息技术的积极性。通过档案信息化，能够实现以下关键目标：

第一，技术的先进性。档案信息化推动技术的不断创新和升级。新的信息技术不断涌现，为档案管理提供更多可能性。这种技术创新促进档案工作的现代化，使档案能够更好地应对不断变化的需求和挑战。

第二，技术的适用性。档案信息化强调技术在实际档案管理中的适用性。技术不仅仅是为了技术而存在，而是为了提高档案管理的效率和质量。只有在实践中，我们才能了解技术如何更好地满足档案管理的需求，从而提高适用性。

第三，效益的产生。通过将先进的技术与档案管理相结合，档案信息化产生了实际效益。这包括提高档案检索和保管的效率，降低管理成本，增加信息的可访问性，以及提供更好的信息保护和安全性。这些效益直接影响到组织的绩效和服务质量。

第四，持续激励。档案信息化实践不仅能够产生立竿见影的效益，还能够持续激励档案工作者关注引进和吸收新兴的信息技术。这种积极性有助于保持档案管理领域的创新力和竞争力。

第五，促进信息产业的发展。档案信息化对信息技术产业的发展也有积极影响。它为信息技术提供一个重要的应用领域，促进信息技术产业的增长和繁荣。同时，档案信息化也有助于培养和吸引更多的人才进入这一领域，促进信息产业的可持续发展。

（三）建立档案信息总库，提升资源质量和可利用性

档案信息资源是档案管理的基础，建立档案信息总库，可以解决档案管理中存在的一系列问题，并提升档案资源的质量和可利用性。

第一，电子档案管理。随着信息技术的不断发展，许多档案现在以电子形式产生和存储。电子档案管理是将这些电子记录有效地管理、保存和检索的关键环节。这确保了档案的长期保存和可用性。

第二，纸质档案信息化。为了提高纸质档案的可访问性和安全性，将纸质档案进行信息化处理是必要的。这样可以减少物理存储空间需求，同时也便于检索和分享档案信息。

第三，建立档案信息总库。档案信息总库是一个集中存储和管理各种类型档案的系统，它能够整合不同载体和门类的档案，实现统一的管理和检索。这有助于提高档案资源的集成度和有序度。

第四，提高丰富度。信息化和集成化处理使档案资源变得更加丰富。这包括各种类型的记录和文档，从文字、图片到音频和视频，都可以包含在档案信息总库中。这可提高档案资源的丰富度，满足了不同用户的需求。

第五，提高适用度。数字档案的可访问性和检索效率明显提高，使用户更容易获得所需信息。这样可以提高档案资源的适用度，促进知识的传播和共享。

第六，提高可靠度。数字档案的备份和安全性得到提高，减少档案资源的风险。这样使档案管理更加可靠，可以有效应对灾难性事件。

第七，实现知识管理。通过档案信息资源的信息化和集成，档案管理可以逐渐发展为知识管理。这意味着不仅能够管理信息，还能够分析、提炼和应用知识，从而更好地满足用户的信息需求。

（四）提升档案管理的现代化水平

第一，挑战传统管理模式。随着信息技术的发展，档案信息化建设迎来了新的发展机遇与挑战。信息技术的广泛应用暴露出传统档案管理模式的不足之处。传统的纸质管理方法在数字时代面临挑战，需要重新思考管理方式，以适应新的

技术和需求。

第二，建立适应性原则。档案管理部门需要建立适应信息技术应用的管理原则。这包括如何有效地管理电子档案、确保数据的安全性、制定信息化保留政策等。

第三，重塑管理体制。传统管理体制通常是集中式和官僚的，而信息技术的应用需要更加灵活、创新的管理体制。这可能涉及组织结构的重组和管理角色的重新定义。

第四，制定规范和标准。为了确保信息技术应用的一致性和有效性，需要制定相关的规范和标准，以指导档案管理部门的操作。这可以包括数据格式标准、访问控制政策等。

第五，强化基础工作。档案管理的基础工作，如档案的收管、整理、分类、检索等，需要更加专业化和高效。这有助于提供高质量的档案服务。

第六，信息化管理的现代化水平。信息化管理不仅是技术应用，还需要改革传统的管理观念，推动档案管理的现代化。这包括更加开放、透明、用户导向的管理方式。

总的来说，信息技术的应用在档案管理中催生了一系列管理方面的挑战和机遇。档案管理部门需要积极应对这些挑战，通过建立适应信息技术的管理原则和规范，改进管理体制和基础工作，以提升档案管理的现代化水平。这一过程也将推动传统管理观念和模式的改革，使档案管理更好地满足社会和组织的需求。

第三节　档案信息化建设的必要性

在当今信息化浪潮席卷全球的背景下，档案信息作为记录历史、传承文明的重要载体，其管理方式与利用方式也面临着深刻的变革。档案信息不仅涵盖了历史发展中的各类信息，更为现实工作提供宝贵的依据。面对海量的档案信息，如何高效、准确地管理和利用这些资源，成为摆在档案工作者面前的重要课题。因此，档案信息化建设显得尤为重要，其必要性体现在以下方面。

一、促进档案管理工作提质增效

档案管理工作是一项烦琐而复杂的系统工程，它涉及档案的收集、整理、鉴定、保管、统计和提供利用等多个环节。在传统的管理模式下，这些工作往往需要耗费大量的人力物力，且效率低下，容易出现错漏。然而，随着信息技术的飞速发展，档案信息化建设给档案管理工作带来革命性的变革。

第一，档案信息化建设通过应用计算机和网络技术，实现了档案的数字化存储和管理。这使得档案信息的检索、查询变得更为便捷和高效，提高了档案利用的效率。同时，数字化存储还减少了纸质档案的磨损和损坏，延长了档案的保存寿命。

第二，档案信息化建设通过引入先进的档案管理系统，实现了档案信息的自动化处理和智能化管理。这些系统能够自动对档案进行分类、编号、索引等操作，减轻了档案工作者的工作负担。同时，系统还能够根据用户的需求，自动推荐相关的档案信息，提高档案服务的针对性和有效性。

第三，档案信息化建设还促进了档案管理工作的规范化、标准化和制度化。通过制定统一的档案管理标准和规范，确保了档案信息的准确性和一致性。同时，信息化建设还推动档案管理流程的优化和再造，提高档案管理工作的效率和质量。

二、助推党和国家事业发展

档案作为党和国家事业发展的重要历史见证和参考资料，具有极其重要的价值。档案信息化建设不仅有助于更好地保存和利用这些珍贵的档案资源，还能够为党和国家的事业发展提供重要的支持和服务。

第一，档案信息化建设为党和国家决策提供更为全面、准确的历史依据。通过数字化存储和检索技术，可以快速地获取到各种历史档案信息，为党和国家制定政策、做出决策提供有力的支持。同时，这些档案信息还能够为历史研究、文化传承等领域提供重要的参考和借鉴。

第二，档案信息化建设有助于构建和谐社会。档案作为社会记忆的重要组成部分，记录了人们的社会活动和历史变迁。通过信息化手段向社会公众开放档案资源，可以让人们更好地了解自己的历史和文化，增强民族认同感和凝聚力。同时，档案信息化建设还能够促进政府信息公开和透明化，提高政府工作的公信力和满意度。

第三，档案信息化建设还能够为经济发展提供有力支持。随着信息化程度的不断提高，档案信息在经济领域的应用也日益广泛。通过信息化手段对档案信息进行深度挖掘和分析，可以为企业的市场调研、产品开发、战略规划等提供有力的支持。同时，档案信息化建设还能够促进档案资源的共享和开发利用，推动相关产业的发展和壮大。

三、赋能档案事业转型再发展

随着信息化时代的到来，档案事业也面临着转型再发展的历史机遇。档案信息化建设作为推动档案事业转型再发展的重要手段之一，具有重大的意义。

第一，档案信息化建设能够丰富档案管理内涵。通过引入信息技术手段对档案信息进行深度挖掘和加工处理，可以进一步丰富档案资源的内涵和价值。同时，信息化建设还能够推动档案管理理念的创新和发展，促进档案管理模式的变革和升级。

第二，档案信息化建设能够提升档案服务质量。通过建设高效的档案管理系统和服务平台，可以为用户提供更加便捷、高效、精准的档案服务。同时，信息化建设还能够推动档案服务的多元化和个性化发展，满足不同用户的需求和期望。

第三，档案信息化建设能够促进档案事业的转型发展。在信息化时代背景下，档案事业需要适应新的发展需求和市场变化，实现由传统管理向现代化、智能化管理的转变。档案信息化建设正是推动这一转变的重要手段之一，它能够为档案事业的转型发展提供有力的技术支撑和保障。

第四节　档案信息化建设的趋势

第一，管理智能化。随着人工智能、大数据和云计算等新技术的发展，档案信息化建设呈现出明显的智能化管理趋势。智能化管理主要体现在档案信息的智能化分类、检索和分析等方面。通过人工智能技术，可以实现档案信息的智能识别和提取，提高档案检索的准确性和效率。大数据技术可以实现对海量档案数据的有效挖掘和分析，为档案的利用和管理提供决策支持。云计算技术则为档案信息提供了强大的存储和计算能力，使得档案管理更加高效和便捷。智能化管理不仅提高了档案工作的效率和质量，也推动了档案管理模式的创新和变革。

第二，全面数字化。政府部门档案信息化建设越来越趋向于全面数字化，传统纸质档案逐渐被电子档案所取代。全面数字化不仅包括对历史档案的数字化转化，还包括对新产生档案的数字化采集和存储。通过全面数字化，可以实现对档案信息的快速检索和高效利用，提高档案管理的现代化水平。同时，数字化档案也便于实现档案信息的共享和传播，促进档案价值的最大化。全面数字化是档案信息化建设的基础和核心，也是档案事业发展的重要趋势。

第三，资源共享化。资源共享是档案信息化建设的重要目标之一，通过信息化系统实现不同部门、不同地区档案信息的共享和互联互通。资源共享可以打破档案信息孤岛，实现档案信息的整合和共享，提高档案利用的效率和效果。同时，资源共享也有利于促进档案信息的传播和交流，推动档案事业的发展和创新。资源共享是档案信息化建设的重要方向，也是档案事业发展的重要趋势。

第四，安全保障化。信息安全是档案信息化建设中的重要问题，随着信息技术的普及和网络环境的复杂化，档案信息面临着越来越多的安全威胁。因此，档案信息化建设越来越注重安全性保障，致力于建立健全信息安全管理体系。这包括采用先进的信息加密技术，确保档案信息在传输和存储过程中的安全性；建立完善的安全防护系统，防范各种网络攻击和病毒入侵；加强对档案工作人员的安全意识培训，提高他们的安全防范能力。安全性保障是档案信息化建设的基础和前提，只有确保档案信息的安全，才能更好地发挥档案的价值和作用。

第五，应用移动化。移动互联网的普及和移动设备的智能化，给档案信息化建设带来新的发展机遇。移动化应用成为档案信息化建设的重要趋势之一。通过移动化应用，可以实现档案信息的随时随地查阅和管理，提高档案服务的便捷性和灵活性。例如利用移动 App（应用程序），档案工作人员可以实现远程访问档案系统，进行档案的查询、借阅和归档等工作；利用移动设备，用户可以随时随地进行档案的检索和利用，不受时间和地点的限制。移动化应用不仅提高了档案工作的效率，也扩大了档案服务的时间和空间范围，为档案利用提供了更多可能。

第二章 档案信息化的基础管理流程

第一节 档案收集与整理工作

一、档案的收集工作

"档案收集是档案业务工作的第一个环节，收集得齐全、准确与否，直接关系到档案工作的质量。"① 档案收集就是接收和征集档案的意思，档案收集工作就是按照规定，通过例行的接收制度和专门的征集方法，把分散在各机关、部门、个人手中和散失在社会上的档案，集中到机关档案室和国家地方各级档案馆进行科学管理的一项业务环节。档案收集作为档案管理工作中最关键的一个环节，是档案管理工作的起点，也是档案管理的基础，其质量高低直接影响档案管理工作的整体效果。

收集工作是档案部门取得档案的手段，是开展其他业务活动的基础。以档案室为例，档案室是接收归档的文件和进行必要的零散文件的收集。档案室收集工作是按照归档制度的要求，定期接收本单位文书部门和业务部门移交的经过系统整理的归档文件。档案室的收集工作包括接收本单位归档的文件和收集未及时归档的零散文件两个方面的内容。其中，归档文件是档案室收集档案的主渠道，零散文件的收集则是一种补充的形式。

（一）收集渠道

收集渠道是档案收集的基础，也是档案管理的重要环节。档案收集的渠道主要有以下方面。

---

① 李玉芹. 对档案收集工作的几点浅见 [J]. 山东档案，2022（05）：55.

第一，内部渠道。内部渠道是指档案部门自身所拥有的渠道。档案部门可以通过内部渠道收集档案。例如档案部门可以自行组织人员对档案进行收集，或者与相关部门合作收集档案。内部渠道的优点在于可以保证档案收集的质量和效率，但是也存在一定的局限性，例如收集范围有限，无法涵盖所有档案。

第二，外部渠道。外部渠道是指档案部门通过外部渠道收集档案。例如档案部门可以通过与政府机构、企事业单位、个人等合作收集档案。外部渠道的优点在于可以涵盖更广泛的档案范围，但是也存在一定的风险，例如档案的真实性和完整性可能受到质疑。

第三，网络渠道。网络渠道是指档案部门通过网络收集档案。例如档案部门可以通过网络平台、数据库等渠道收集档案。网络渠道的优点在于可以实现档案收集的自动化、高效化，但是也存在一定的风险，例如网络安全问题、数据隐私问题等。

第四，社交媒体渠道。社交媒体渠道是指档案部门通过社交媒体平台收集档案。例如档案部门可以通过社交媒体平台发布档案信息，吸引用户上传相关档案。社交媒体渠道的优点在于可以实现档案收集的广泛性和实时性，但是也存在一定的风险，例如信息真实性和准确性可能受到质疑。

档案收集的渠道是档案管理的基础，档案部门需要根据实际情况选择合适的渠道进行档案收集。同时，档案部门还需要加强对档案收集的监督和管理，确保档案收集的真实性、准确性和完整性。

（二）收集方法与技巧

在档案信息化的基础管理流程中，收集是其中一个重要的环节。收集方法与技巧的选择直接影响到后续的信息处理和利用效果。

1. 收集方法

（1）手动收集。手动收集是指工作人员通过手工方式对档案进行收集。这种方法适用于档案数量较少、档案内容简单的情况。手动收集的优点是简单易行、成本低廉，缺点是效率低下、容易出错。

（2）自动化收集。自动化收集是指通过计算机、扫描仪等设备对档案进行扫描、录入等操作。这种方法适用于档案数量较多、档案内容复杂的情况。自动化收集的优点是效率高、准确率高、成本低廉，但缺点是需要较高的技术支持。

（3）合作收集。合作收集是指与其他机构或个人进行合作，共同完成档案的收集工作。这种方法适用于档案数量较大、档案内容复杂的情况。合作收集的优点是可以共享资源、降低成本、提高效率，但需要协调好各方关系。

2. 收集技巧

（1）分类收集。分类收集是指根据档案内容的不同特点，将档案进行分类、整理。这种方法可以提高档案管理的效率和准确性，同时便于后续的信息处理和利用。

（2）优先级收集。优先级收集是指根据档案的重要性和紧急程度，将档案进行优先级排序。这种方法可以保证重要档案的及时收集和处理，提高档案管理的效率和质量。

（3）持续收集。持续收集是指对档案进行持续的收集和管理，不断更新和维护档案信息。这种方法可以保证档案信息的准确性和完整性，同时便于后续的信息处理和利用。

收集方法与技巧的选择需要根据实际情况进行综合考虑，同时需要不断优化和改进，以提高档案信息化的基础管理流程的效率和质量。

（三）档案室收集工作的职责

档案室或档案管理人员只是负责验收案卷，但为了达到齐全完整地将档案集中到档案部门的目的，档案室或档案管理人员不仅需要关注文件归档的结果，更重要的是需要关注和参与文件的形成、运行、立卷归档的全过程。

1. 监督文件的形成过程

文件的形成是归档的源头。在实际工作中，单位不仅要力求将已经形成的具有保存价值的文件收集齐全，而且还应该注意文件在形成和处理过程中的情况。注意了解本单位是否建立了电话记录制度、会议或活动的记录制度、文书工作制度是否完善等情况，这样才能发现本单位在文件形成和管理过程中存在的问题，并向有关部门或领导反映，提出改进的建议。

2. 指导文书部门的归档工作

档案室或档案管理人员对文书归档的业务指导工作包括如下内容。

（1）指导和协助文书部门或业务部门明确归档责任者。文件材料归档责任定在哪一级，可根据机关的大小、内设机构的复杂程度和文书处理方式来合理选择。一般来说，机关单位内设机构层次复杂，文书处理多采用分散方式，因此，归档工作也相应地采取分散方式，即由各个二级机构收集整理后汇集到其上级主管部门统一向档案部门移交。机关单位内设机构层次较少，文书处理多采用分散和集中相结合的方式，因此，归档工作相应采取分散和集中相结合的方式，即由办公室或文书部门负责综合性文件材料归档工作，各业务部门负责其职能活动中形成的文件材料的归档工作。小型机关单位内设机构简单，文书处理多采用集中方式，因此，也相应采取集中归档的方式，即由办公室或业务部门统一收集、集中整理归档。

（2）指导和帮助文书部门或业务部门恰当确定某些文件材料的归档分工。为了避免文件材料的重复归档或遗漏归档，应对文件材料归档责任予以明确的规定。

凡是机关单位自己形成的文件材料，按党政分开的原则，党组织的文件材料由党组织的办公室和各个工作部门负责收集整理归档；行政机关形成的文件材料由行政办公室和各职能部门负责收集整理归档；党政联合发文则由文号所属部门归档；几个部门联合发文则由第一责任部门或主要责任部门负责归档，也可指定其中的一个部门负责归档。

外来文件材料，如属党政机关来文则由相应的党政部门负责归档；如属业务主管机关来文则由对口业务部门负责归档。其他文件，可由档案部门与有关部门协商明确归档责任。

指导和协助归档责任部门编制归档文件类目，督促责任部门做好平时文件收集工作。归档文件类目是事先编制好的归档计划，它由文件材料类别和条款组成，每一个条款形成一组文件材料（归档时可将其组成一个或若干个档案盒）。

二、档案的整理工作

（一）档案整理原则

1. 遵循文件形成的客观规律

由于单位的职能活动产生的文件有其自身的规律和特点，文件保持相互之间的有机联系就有助于反映单位职能活动的历史面貌，同时能满足人们查找利用档案的期望。所以在进行归档文件整理时，要遵循文件形成的客观规律，保存文件之间的有机联系。

（1）文件材料形成过程的规律。文件的形成不是任意的，是单位工作活动的客观自然的反映，形成自身的规律和特点。档案自然形成的规律包括以下基本内涵：①档案是在社会实践中自然形成的，档案不能随意编写。强调"自然形成"是有其众所周知的历史背景的。②档案的形成与运动经历了三个不同的阶段，即档案室前阶段、档案室阶段、档案馆阶段，不同阶段文件的服务对象不同。③在档案收集、整理过程中，必须保持其历史联系，要坚持按全宗管理档案的原则，在一个全宗内又要按照形成档案的组织结构或其他内在联系对档案进行分类、整理和组合。

（2）文件材料在形成过程中的联系。文件之间联系，就是文件在产生和处理过程中所形成的内部相互关系。鉴于档案是历史文件的系统积累物的特点，我们对其内在的各种联系着重表述为"文件之间的历史联系"，它包含着逻辑和历史的统一。遵循文件形成的客观规律，保存文件之间的有机联系，在档案整理方面的启示和体现就是充分利用文件原有基础。包括：①充分地重视和利用先前的整理基础，以确定档案整理的任务和要求，不要轻易打乱重整。②在整理过程中，应该充分研究和利用原来整理的成果，不要轻易破坏以往整理和保存的历史状况。

2. 区分文件材料的不同价值

区分文件材料不同价值的工作，就是指文书档案的鉴定工作，即档案室（馆）按照一定的原则、标准和方法，判定档案的价值，确定档案的保管期限，剔除失去保存价值的档案并加以销毁，将具有保存价值的档案加以保存的工作。

3. 整理后的文件材料便于保管和利用

当然，保持文件之间的历史联系，不是整理档案的主要目的，所以不能为联系而联系；便于保管和查找档案，才是档案整理工作的基本出发点和最终要求。便于保管和利用总的说来就是恰当地保持文件之间的联系，整理出的档案，更能便于保管和利用，所以保持文件之间的历史联系和便于保管利用基本上是一致的。

整理档案是一项复杂细致的工作，同样是在保持联系的情况下，往往可以有各种不同的具体做法。在整理档案时，特别是在保持文件之间的联系和便于保管利用发生矛盾的时候，不能机械地运用保持文件联系的原则，要充分考虑档案保管和利用的方便。因此，对于不同种类的档案，或记录方式、载体材料、机密程度和保管价值等显然不同的文件，应根据情况分别整理，恰当地组合，而在相应的范围内要求保持文件最优化的联系。

（二）档案整理方法

1. 档案整理的整体性体现——全宗

全宗是档案整理的最终成果，它代表着一个独立的机关、组织或个人在一定时期内形成的档案的有机整体。全宗确保了档案的完整性和系统性，使得档案在整理、流转和保管过程中的历史联系得以维持。

（1）全宗的类型划分。

第一，组织全宗。此类全宗主要由那些独立承担社会职能与责任的单位所形成，包括但不限于国家机关的部门，以及各类企业、学校等。这些单位在其日常活动中产生的档案材料，应被视作一个整体，共同构成一个全宗。此外，机关内部的各业务处、科、室等组织机构，其产生的档案则作为该全宗的重要组成部分进行归档。构成全宗的单位被称为"全宗构成者"或"立档单位"，其判断标准主要基于其在工作、组织及财务上的独立性。一般而言，具备独立行使职权、对外行文能力，拥有独立的会计或经济核算单位，以及一定的人事任免权的机构，可认定为立档单位。

第二，个人全宗。个人全宗，亦称人物全宗，它强调的是个体生命历程中形成的档案的整体性。无论个体的身份、政治立场如何变迁，其一生所留下的档案材料始终构成一个独特的全宗。然而，对于档案馆而言，并非所有个人的档案都能构成个人全宗，只有那些对社会做出显著贡献或具有重要影响的历史人物，其档案才具备成为实际个人全宗的价值。这些个人全宗的档案材料通常包括传记、创作成果、公务活动记录、私人书信、经济往来文件、亲属关系资料、社会评价以及音像资料等多类内容。

（2）全宗编号的方法。

第一，大流水编号法。此法又称顺序流水编号法，其核心在于按照档案进馆的先后顺序，采用自然整数进行连续编号。具体而言，首个进馆的全宗被编号为1号，第二个进馆的全宗则编号为2号，以此类推。这种编号方式的优势在于其简便性与实用性，既符合档案管理的唯一性和系统性要求，又能直观反映全宗进馆的先后顺序及全宗数量。

第二，体系分类编号法。此种方法依据一定的逻辑框架，将档案馆所收藏的全宗进行分类并构建成一个逻辑清晰的类别体系。在此体系中，每一逻辑类别层次都拥有固定的代号（类号），而具体全宗的编号则是在最小类别代号之后按固定顺序进行编排。这样，每个全宗号都由多个数字组成，且每个数字都承载着特定的逻辑含义，从而实现了对全宗的精细化分类与管理。

第三，分类流水编号法。此法是大流水编号法与体系分类编号法的有机结合，适用于规模较大、全宗类型多样的档案馆。在具体操作中，首先根据全宗的性质和特点将其划分为若干大类，并为每个大类设定固定的代字或代码作为标识。然后，在各大类内部按照档案进馆的先后顺序进行流水编号。这种编号方式既保留了流水编号法的简便性，又通过分类管理提高档案管理的系统性和科学性。

2. 档案整理的用具和软件

在现代办公环境中，档案整理工作是保障信息流畅、提高工作效率的重要环节。为了确保档案整理工作的顺利进行，必须提前准备好相应的用具和软件。

（1）档案整理的用具。在选择档案整理用具时，须遵循以下原则：首先，适用性原则。强调所选用具应满足档案整理的实际需求，兼顾档案特性、使用便捷性与经济性。其次，专业性原则。要求用具具备专业品质，如采用专业无酸纸制作的档案盒以及符合档案保管要求的装订和数字化设备。再次，安全性原则。亦至关重要，如确保装订机结构稳定，避免在装订过程中对档案造成损伤。最后，标准化原则。要求所选用具符合国家和行业标准，以确保档案的长久保存与高效利用。

档案整理用具种类繁多，其中档案盒与装订用品占据重要地位。档案盒作为存放档案文件的主要容器，其类型多样，包括文书档案盒、科技档案盒、人事档案盒等，均以无酸纸为主要材质，旨在有效保护档案免受酸性物质的侵蚀。装订用品则涵盖装订机、打孔机、订书机等设备，用于将档案资料装订成册，便于管理与保存。

此外，档案整理工具亦不可或缺，如裁纸刀、号码机、防虫防霉剂、活性炭等，这些工具在档案分类、标记、消毒与保护等方面发挥着关键作用。随着信息技术的迅猛发展，数字化工具如扫描仪、数码相机等也逐渐成为档案整理的重要辅助设备，它们能够将纸质档案转化为电子档案，便于长期保存和快速检索。

（2）档案整理的软件。

第一，档案整理软件的重要性。随着信息技术的发展，档案整理软件逐渐成为档案整理工作的重要工具。档案整理软件可以实现对电子档案的快速检索、分类和统计，提高档案整理的效率和质量。因此，准备好档案整理必需的软件是档案整理工作的关键。

第二，档案整理软件的选择及使用。在选择档案整理软件时，应注意其功能、兼容性和易用性。软件的功能，应满足档案整理的需求，如支持多种格式的文件导入导出、支持自定义分类和标签等；软件的兼容性，应适应不同的操作系统和设备，以便在不同环境下使用；软件的易用性，应简洁明了，以便快速上手和操作。在使用档案整理软件时，应熟练掌握其基本功能和操作方法。如了解如何导入导出文件、如何创建分类和标签、如何进行搜索和筛选等。此外，还应定期更新软件版本，以获取更多的功能和优化的性能。

3. 整理（立卷）说明的撰写

（1）了解什么是"整理（立卷）说明"。"整理（立卷）说明"，就是在归档（立卷）工作告一段落后，为了便于向档案室移交，方便日后的保管和利用，对机关当年的职能活动、整理（立卷）情况和文件材料的大体内容做出的叙述式的文字简介，其形成的文字材料就是整理（立卷）说明。整理（立卷）说明侧重对立档单位当年的工作概括和整理（立卷）情况的说明，"案卷文件目录"侧重于立档单位当年形成的文件内容和成分情况的说明。

（2）掌握"整理（立卷）说明"的具体内容。根据"整理（立卷）说明"本身的要求，编写"整理（立卷）说明"大体包括立档单位工作活动情况和立卷、归档基本情况。具体内容应包括以下方面：

第一，工作概括。要立足本机关，反映本单位主要职能活动；要写明一年来立档单位的主要活动情况，做了哪些具体工作及其生成的数据。

第二，机构变化。立档单位的组织机构及内部分工，机构如有变化要求写明（如机构何时成立、更名、改变隶属关系等）；内部分工要求写明具体的分工内容。

第三，人事任免变动。要写明一年来立档单位主要领导干部职务的任免、调离、聘任或解聘、奖惩的具体内容和具体人次。

第四，立卷、归档的基本情况。具体包括：①案卷数量：注明本年度形成案卷的数量（包括永久、长期、短期卷的数量）。②归档范围：案卷所包含的文件材料的内容、形式。③立卷（归档）方法：说明根据什么特征组卷（如时间特征、问题特征等）。④立卷（归档）组织和立卷（归档）时间：注明哪些案卷由哪个具体部门立卷（归档），有利于责任明确。注明立卷（归档）日期。另外，档案的存放情况也应注明。

（3）掌握"整理（立卷）说明"的编写原则。"整理（立卷）说明"的编写核心原则是：用事实和数据说话，真实全面反映本单位的本来面貌，按照本单位各种活动的开展情况和整理（立卷）情况客观地加以记述。

第一，真实地反映本单位的本来面貌。编写"整理（立卷）说明"的目的，就是为了日后方便查找每年本单位的主要活动情况，提高利用效率。所以，档案工作者要实事求是，抱着对社会、对历史负责的严肃态度，忠于职守，让本单位的面貌真实地展现在人们的面前。

第二，按照本单位各种活动的开展情况和归档（立卷）情况客观地加以记述。编写"整理（立卷）说明"着重客观地记述事实，基础统计数据要完整，一般不加评述。它不同于学术论文，无须分析和阐述，只要实事求是地提供事实的脉络。

（4）了解编写"整理（立卷）说明"的步骤和要点。

第一，材料的收集。这是编写的前期准备工作，也是关键性的工作。编写前要有针对性地广泛收集所需要的材料，它要求档案工作者平时注意积累材料，充分地占有材料。具体包括立档单位当年的人员编制、机构设置和变动、人事任免、主要任务和职能、重大业务活动和中心工作等方面的文件。

第二，对收集来的材料要进行严格挑选和考证。只有充分地占有材料，才有选择余地，严格挑选，去粗取精，去伪存真，坚持一切从实际出发，实事求是。只有这样，才能如实地反映事物的本来面貌，确保整理（立卷）说明的可靠性和真实性。

第三，摘抄的内容要简明扼要，详略得当，文字表达要准确无误，数字表达要确切，尽量不用大概、大约之类不确切的字词。

第四，系统条理，脉络清楚，要给人以条理清晰之感。先编初稿，经立档单位负责人审核后再定稿打印。

（三）档案格式与标准

档案格式是指档案的记录方式、符号、缩写、术语、排版等规范，这些规范的目的是方便档案的整理、存储、传递、查阅和使用。档案格式应当符合国家有关档案管理的法律法规和标准，同时也应当考虑到档案的实际使用需求和方便性。档案标准是指档案格式的具体要求和规定，这些要求和规定应当具有可操作性和可重复性，便于档案管理人员进行规范化和标准化管理。档案格式与标准的具体内容应当包括以下方面：

第一，档案记录方式的选择至关重要。传统的档案记录方式主要包括手写、打印和扫描等。手写档案具有独特的个人风格与字迹特征，但可能因字迹模糊或难以辨认而导致信息失真。打印档案则具有较高的清晰度和可读性，便于保存与复制。而扫描档案则可以将纸质档案转化为电子形式，方便进行数字化管理。随着科技的进步，现代档案管理系统也逐渐采用更为先进的记录方式，如语音识别、OCR 识别等，以提高档案信息的录入效率与准确性。

第二，档案中使用的符号和缩写须遵循一定规范。例如日期应使用国际通用的公历表示法，地点应明确标注具体名称或代号，单位名称应准确无误，姓名应遵循实名原则。此外，为避免歧义，档案中应尽量避免使用过于复杂的缩写或符号，必要时须进行解释说明。

第三，术语和定义的使用是档案专业性的体现。在档案管理中，术语和定义的选择应遵循相关法规和标准，以确保档案信息的规范性与准确性。例如分类、编码、索引等术语应具有明确的定义和操作方法，便于档案信息的组织、检索和利用。

第四，排版要求是档案美观与易读性的重要保障。在档案排版过程中，应遵循一定的规范和标准，如设置合适的页边距、页眉页脚、标题样式等。同时，段落划分应合理，字体大小、颜色、格式等应统一，以提高档案信息的可读性和美观度。

第五，电子档案格式的选择与管理是现代档案管理的重要组成部分。电子档案具有存储方便、易于检索和共享等优势，但同时也面临着数据丢失、被篡改等风险。因此，在选择电子档案格式时，应充分考虑格式兼容性、安全性、稳定性等因素。常见的电子档案格式包括文本格式（如 Word、PDF 等）、图片格式（如 JPEG、PNG 等）、音频格式（如 MP3、WAV 等）和视频格式（如 MP4、AVI 等）。此外，对于电子档案的存储和管理，还须制定相应的安全策略与备份方案，确保电子档案的安全与可靠。

第六，档案元数据标准的制定与实施是提升档案管理水平的关键环节。档案元数据是指描述档案内容、形式、来源、时间、位置等信息的文档，对于档案信息的组织、检索和利用具有重要意义。在制定档案元数据标准时，应充分考虑档案信息的特性和需求，制定统一、规范的元数据描述方式和管理流程。同时，还须加强对档案元数据的收集、整理、存储和利用工作，为档案信息的深度挖掘和价值发挥提供有力支持。

●●▶ 第二节　档案鉴定与统计工作

一、档案的鉴定工作

档案价值鉴定工作内容包括：①制定档案价值的有关标准，包括单行规定和档案保管期限表等；②具体判定档案材料的价值，确定其保管期限；③剔出本无保存价值和保管期满的档案，按规定进行销毁或做相应的处理。

（一）档案的价值鉴定

档案的价值鉴定是档案室（馆）按照一定的原则、标准和方法，甄别和判定档案真伪和价值，确定档案的保管期限，剔除失去保存价值的档案并销毁，使保存的档案，达到精练的程度。简单地说，就是甄别档案真伪和判定档案的价值，决定档案存毁的工作。它是档案工作的业务内容之一，是档案室（馆）的一项专门业务。

1. 档案的价值鉴定工作意义

（1）有助于发挥档案的作用。通过鉴定工作，去其糟粕，留其精华，将无价值的档案剔除，而将有价值的档案进行妥善保存和管理。这样可以才能充分发挥档案作为历史记录和信息资源的价值，为后人提供丰富的知识和启示。

（2）档案价值鉴定工作有助于档案的安全保管。通过鉴定，分清档案的主次，对保存价值大的档案给予更好的保管条件，如采用先进的存储技术和设备，确保档案的安全和完整。同时，对于失去保存价值的档案，及时剔除销毁，避免占用有限的存储空间，从而为有价值的档案腾出更多的空间。

（3）档案价值鉴定工作还有助于应对突发事件。在突发事件发生时，如自然灾害、战争等，根据档案的价值鉴定结果，迅速区分出重要档案和次要档案。这样，优先抢救和转移重要档案，确保它们不受损失。同时，通过合理安排档案存储和布局，提高档案的抗灾能力，减少因突发事件导致的损失。

2. 档案的价值鉴定标准

鉴定档案价值的标准——档案保管期限表，它是用表册的形式列举档案的来源、内容和形式，并指明其保管期限的一种指导性文件。它是档案室（馆）鉴定档案价值和确定档案保管期限的依据和标准。

（1）档案保管期限表的作用。

第一，能够保证鉴定工作的质量和提高鉴定工作的效率。档案保管期限表是根据鉴定档案价值的原则，认真总结鉴定工作经验，经过反复讨论、研究而形成的，实践证明是行之有效的。由于标准明确，认识一致，有利于推动鉴定工作的顺利开展，加快鉴定工作的速度，提高鉴定工作的效率。

第二，能够有效防止任意销毁文件。档案保管期限表明确规定什么样的文件要保存，什么样的文件不保存，因为标准明确，界限清楚，加上严格的制度，所以能够有效防止有意或无意而错误地销毁文件。

（2）档案保管期限表的结构。档案保管期限表的结构包括顺序号、条款、保管期限、附注以及总的说明等部分。对于条款较多的档案保管期限表，还可以加上类别。以上是档案保管期限表的一般结构，可以根据档案保管期限表的特点和实际需要，增加或减少某些项目，但条款与保管期限是最基本的项目，任何单位的档案保管期限表都必须有。

第一，顺序号。档案保管期限表的各条款经过系统排列后，在各条款的前面编上统一的顺序号。编顺序号的目的是固定条款的排列位置，作为鉴定工作人员使用档案保管期限表时引用条款的代号。因此，条款必须从头到尾统一编流水号，不能有重号。

第二，条款。条款是同一组类型相同的文件的名称或题名（档案部门习惯称标题）。拟制条款要求能反映出一组文件的来源、内容、名称和形式，文字要简明、确切。在列举一组文件的来源、内容和形式时，可以指出具体的作者、问题，也可以概括出一组文件所反映的级别、问题和名称。每一条款应代表一组有内在联系的价值相同的文件，有时为了使条款简洁醒目，也可以将价值不同而有联系的一组文件写成一个条款，在条款下面分别指出不同的保管期限。条款一般不宜拟制得过多过细，但也不能概括成文教、卫生等类别，因为使用时会遇到困难。

第三，保管期限。保管期限的划分是鉴定档案价值的主要任务。保管期限划分得是否正确，是衡量档案价值鉴定工作做得好坏、质量高低的重要标准。所以，确定保管期限是编制档案保管期限表最核心的问题。根据党和国家的有关规定，保管期限分为短期、长期、永久三种。

3. 档案的价值鉴定方法

（1）定性分析法是判定档案价值的重要方法。区分事物的质的定性分析是认识事物的开始，是认识量的前提，它在认识过程中具有优先性和普遍性。鉴定工作中档案价值的体现具有一种潜在的价值关系，只能进行大体的预测，无法精确度量。只能着眼于事物的整体特性和主要方面，用分级断档的方法勾画出近似的轮廓，提出一个大概的日期和范围。定性描述能提供较为充足和直接的信息，促进人全面思考，更好地适应外界条件的变化，从创造性思维出发更符合客观实际。因此，鉴定工作中判定档案价值主要采用的是定性分析法。

（2）定性分析与定量分析相结合是档案价值鉴定方法发展的必然趋势。确定事物的质总是建立在一定量的基础上，因此从质的研究到量的分析，可以深化对事物的认识，正是从这个意义上，可以说定量分析是定性分析的精确化。从定性研究到定量分析的发展，是人类认识发展的规律。

（3）比例鉴定法。这一方法的实质在于确定档案室（馆）永久保存的档案和机关形成的全部文件之间的比例关系，用于对进馆档案总量的宏观调控。各类价值的档案数量有一定的规律可循，在深入调查研究和准确分析档案价值的基础上，可以制定一个大致的存毁比例作为鉴定标准。

（4）选样鉴定法。这一方法就是从某一类型的档案总体中选出一部分"样本"，作为该类档案的代表保存起来，实质是用少量档案反映历史概貌、内容和特征，起"解剖麻雀"的作用。

（5）系统优化法。该方法要求对档案文件运用系统论的观点，按照档案信息系统（大系统、子系统）结构优化的要求，在立足社会需求的基础上，兼顾保管条件和经费的制约因素，全面考虑系统内档案的存毁及其保管期限，力求保存最低数量的档案，为国家和社会储存更多的有用信息。

（6）模糊综合评价法。这一方法就是建立数学模型定量分析档案的保存价值，其目的在于以定量化手段减少判定档案价值中的主观随意性和经验色彩，更准确地划分档案保管期限。该方法视角新颖，能给人以启迪，但研究与论证还不充分，不具有推广应用性。

（7）直接鉴定法。运用这种方法，要求鉴定工作人员根据鉴定档案价值的原则和标准，根据档案的实际情况判定档案的价值。直接鉴定法要求鉴定工作人员逐件逐张地审查档案材料，从它的内容、作者、名称、可靠程度等方面全面考查、分析、确定其价值，不能只根据文件题名、名称、文件目录、案卷题名、案卷目录去确定档案的价值。一般来说，题名和目录应该正确反映文件或案卷的内容和成分，但由于有的文件题名使用不当及案卷质量低等缺点，导致题名和目录不能正确揭示文件或案卷的内容和成分，若仅根据它们去判定文件的价值，就可能发生错误。因此，为了保证鉴定工作的质量，必须直接审查档案材料。

（二）鉴定结果处理与反馈

在档案信息化的基础管理流程中，鉴定结果处理与反馈是一个非常重要的环节。这一环节主要涉及对档案的鉴定结果进行处理和反馈，以保证档案信息的准确性和完整性。

鉴定结果处理是指对档案进行鉴定后，对其内容进行处理的过程。这个过程包括对鉴定结果的确认、修改和记录。在确认鉴定结果时，需要对鉴定结果进行仔细核对，确保鉴定结果的准确性和完整性。如果鉴定结果有误，需要及时进行修改，以确保档案信息的准确性。在记录鉴定结果时，需要将鉴定结果进行记录，并将其纳入档案管理中。

鉴定结果反馈是指对鉴定结果进行反馈的过程。这个过程包括将鉴定结果反馈给档案的持有者，以及将鉴定结果反馈给档案管理人员。通过鉴定结果处理与反馈，可以确保档案信息的准确性和完整性，从而更好地管理和利用档案。

二、档案统计工作

(一) 档案统计工作的意义

第一，档案统计工作是档案管理规范化和科学化的基础。档案统计工作通过对档案的数量、类型、分布和利用情况进行全面的调查和统计，为档案管理提供准确的数据支持。这些数据可以帮助档案管理部门了解档案资源的现状和需求，制定合理的档案管理策略和政策。同时，档案统计工作还可以为档案管理部门提供档案利用的效果评估，帮助档案管理部门改进工作，提高档案服务质量。

第二，档案统计工作是促进社会发展的有力工具。档案是社会历史发展的见证，是国家和民族文化的瑰宝。通过对档案的统计和分析，可以揭示社会发展的规律和趋势，为社会发展和政策制定提供参考。例如通过对历史档案的统计和分析，可以了解历史事件的发展过程和影响，为历史研究提供依据。通过对科技档案的统计和分析，可以了解科技发展的现状和趋势，为科技政策制定提供参考。

第三，档案统计工作是保障人民权益的重要手段。档案是人民权益的记载和证明，档案统计工作通过对档案的收集和整理，可以保障人民的合法权益得到有效维护。例如在土地管理、房产登记、社会保障等领域，档案统计工作可以为人民的权益提供法律依据和证据支持。通过对档案的统计和分析，可以及时发现和解决人民的权益问题，保障人民的合法权益得到有效维护。

第四，档案统计工作对于促进档案资源的共享和利用具有重要意义。档案统计工作通过对档案的收集和整理，可以为档案资源的共享和利用提供便利。通过对档案的统计和分析，可以了解档案资源的分布和利用情况，为档案资源的共享和利用提供参考。同时，档案统计工作还可以为档案资源的开发和研究提供数据支持，促进档案资源的深入挖掘和利用。

总之，档案统计工作在档案管理、社会发展和人民权益保障等方面具有重要意义。进一步加强档案统计工作，提高档案统计工作的效率和质量，以更好地服务于社会发展和人民权益保障。同时，认识到档案统计工作是一个长期的过程，需要不断地投入和努力。只有这样，我们才能更好地发挥档案统计工作的作用，为社会发展和人民权益保障做出更大的贡献。

（二）档案统计工作的范围

第一，档案数量统计。档案数量统计是档案统计工作的基础，它主要关注馆藏档案、接收档案以及移交档案的数量。通过数量统计，能够清晰地了解档案的总体规模和发展趋势，为档案管理和利用提供基础数据。在数量统计中，不仅要统计档案的总数，还要根据档案的种类、载体、形成时间等因素进行分类统计，以便更全面地掌握档案资源的数量分布和构成情况。

第二，档案质量统计。档案质量统计是评估档案价值和可信度的重要环节。它主要关注档案内容的真实性、完整性和准确性等方面。通过对档案质量的统计，了解档案的整体质量状况，发现档案中存在的问题和不足，为档案的鉴定、保管和利用提供重要依据。在质量统计中，需要运用专业的档案鉴定技术和方法，对档案的内容、形式、载体等方面进行全面评估，确保统计结果的准确性和可靠性。

第三，档案结构统计。档案结构统计是对档案资源的分布情况和特点进行统计和分析的过程。它主要关注档案的种类、载体、形成时间、来源等方面。通过结构统计，了解档案资源的构成、分布和变化情况，为档案资源的优化配置和整合提供依据。在结构统计中，需要对各类档案进行详细的分类和整理，分析档案资源的结构特点和分布规律，为档案管理和利用提供科学的指导。

第四，档案利用统计。档案利用统计是了解档案资源利用效率和用户需求的重要途径。它主要关注档案的查阅、借阅、复制、咨询等利用情况。通过利用统计，了解档案资源的利用效率和用户需求，为改进档案服务和提高档案利用率提供指导。在利用统计中，需要建立完善的档案利用记录系统，对档案的利用情况进行详细记录和分析，以便更好地了解用户需求和服务效果。

第五，档案保管条件统计。档案保管条件统计是对档案库房、设备、环境等方面的统计和分析。它主要关注档案保管的现状和存在的问题，为提高档案保管条件和提高档案保管质量提供依据。在保管条件统计中，需要对档案库房、设备、环境等方面进行全面检查和评估，发现存在的问题和不足，并提出改进措施和建议。通过改善档案保管条件，可以确保档案的安全性和完整性，为档案的长期保存和利用提供有力保障。

（三）档案统计工作的要求

档案统计工作是档案部门的一项严肃科学任务，为做好档案统计工作，发挥档案统计工作的作用，在进行统计时必须做到准确、及时和科学。

1. 及时性

统计工作的目的是解决档案工作中的实际问题，及时了解有关情况。如果统计工作拖沓，必然会贻误良机，从而影响档案工作。为此应该建立档案统计制度，使档案统计纳入档案部门的日常工作轨道，各级各类档案室（馆）的统计工作要制度化，相互配合，及时地按规定上报档案工作领域的相关信息，为指导和监督档案工作提供科学依据。

2. 目的性

档案统计工作是为一定的目的进行的，不是为统计而统计。

（1）深入掌握档案现状。档案统计工作旨在全面、系统地揭示档案资源的数量、类型、来源及保管状况等核心信息，从而帮助档案管理部门对档案资源进行科学规划和有效利用，确保档案资源的可持续发展与高效利用。

（2）科学评估档案工作成效。通过档案统计工作，可以对档案工作的各个环节，包括收集、整理、保管和利用等，进行全面而细致的评估。这有助于客观分析档案工作的质量和效率，为进一步优化档案工作提供有力依据。

（3）严格执行档案管理政策。档案统计工作严格遵守档案管理政策，确保档案工作的规范性和合规性。通过统计数据的收集和分析，可以监督档案管理政策的执行情况，促进档案管理的规范化和制度化。

（4）提升档案服务水平。档案统计工作有助于深入了解档案利用情况，包括利用频率、利用方式及利用需求等。通过对统计数据的分析，可以更加精准地把握用户需求和服务方向，从而提供更加个性化、便捷化的档案服务。

（5）推动档案事业持续发展。档案统计工作为档案事业的发展提供数据支持和决策依据。通过对统计数据的深入分析，可以揭示档案事业的发展趋势和潜在挑战，为制定科学的发展战略和政策措施提供有力支撑，推动档案事业的健康、稳定和可持续发展。

3. 准确性

档案统计工作的基本要求是保证统计数据准确无误。统计工作所获得的各种数据及其整理、分析得出的数据和结果都必须是真实可靠，具有客观真实性。档案统计工作是从档案现象的质和量的辩证统一中研究的数量方面，是用数字语言来表述事实的，因此，必须十分准确。数字的真实性、准确性是档案统计工作的生命。

要做到统计数字真实、准确，就必须有认真、负责的工作态度和一丝不苟、实事求是的工作作风，严格统计纪律，建立和规定科学的统计指标和统计计量方法。这样统计出来的数字才有价值，也才能够保证统计工作目的的实现。

4. 法治性

现代社会是法治社会，任何工作都要依法办事，档案工作也不例外。档案统计也要纳入法治建设的轨道，因为目前实际工作中仍然存在统计违法行为，如为夸大成绩或缩小失误而虚报、瞒报、伪造和篡改统计数据资料的现象屡屡发生。因此，档案统计也要加大执法力度，才能使档案统计工作顺利开展，真正发挥档案统计工作的作用。

统计工作的目的是要对统计数字进行分析、研究，从中寻找事物发展变化的规律。对档案统计所取得的原始数字进行周密分析和研究，根据档案现象在一定时间、地点和条件下的具体数量关系，揭示档案及其管理工作中的内在联系和矛盾，从中总结经验，发现问题，分析矛盾，探索规律，从而改进档案工作，提高管理水平。

（四）档案统计工作的步骤

档案统计工作的步骤，一般分为档案统计调查、档案统计整理和档案统计分析三个基本阶段。

1. 档案统计调查

档案统计调查是档案统计工作的初始步骤，它是根据档案工作的需要，按照规定的统计任务，为实现一定的统计目的，有计划、有组织地向被调查者收集原始统计数据或统计资料的工作过程。档案的统计调查是对各项原始统计数据或资料的登记、形成和积累工作。

（1）统计调查方案的制定。制定统计调查方案实际上就是对整个统计调查实施工作的过程预先进行设计的工作，以保证统计调查有计划地、统一规范地进行。其主要内容包括调查目的、调查对象、调查内容、调查数据时点与调查工作时间、填表说明。

（2）档案统计调查的实施。档案统计调查实施是指根据档案统计调查方案中提出的具体要求来执行的统计调查数据或资料的收集占有过程。按统计调查组织形式不同，可分为统计报表和专门调查；按统计调查涉及范围不同，可分为全面调查和抽样调查；按统计调查工作时间特性不同，可分为经常性调查和一次性调查。

2. 档案统计整理

档案统计整理是对经统计调查所获取的原始数据进行分组、归类、审核、计算等处理，使之规范化、系统化的工作活动。统计整理是为统计分析提供系统规范的数据的，统计整理所采用的具体整理方法是根据统计分析的要求而确定的。在实际工作中，统计整理往往已经包含了统计分析的因素在内。如统计表就具有整理和分析的双重性质和作用。

档案统计整理的工作内容主要包括统计调查资料与原始统计数据的审核、统计资料的分组、统计资料的汇总与初步计算、统计整理工作总结等。

3. 档案统计分析

统计分析是对统计资料进行综合归类、比较研究，以揭示档案、档案工作内在联系与发展规律的活动。统计分析的总体目标，是从统计数据中发现确定性、趋向性、规律性的情况与问题，并对这些情况与问题产生的原因及相关因素进行研究，以得出明确可靠的结论。

统计分析是统计工作的目的所在。实际工作中应当根据具体统计工作任务、目标来恰当选用。但无论采用何种分析方法，其统计分析的基本工作过程大致相同：①按照档案统计分析目的，拟定分析提纲（或方案）；②收集统计整理的统计材料；③采用一定方法对统计资料进行分析、研究；④探寻影响档案及其管理工作的关键因素；⑤得出科学结论并有针对性地提出解决问题的方法，形成档案统计分析报告等。统计分析方法主要有对比分析法、平均分析法。

第三节　档案保管与检索工作

一、档案的保管工作

（一）档案保管工作的意义

第一，档案保管工作是保障档案安全的必要手段。档案是历史的见证，是人类文明的瑰宝，也是单位或组织的重要信息资源。"维护档案的完整与安全，是档案保管工作的最重要的内容和核心环节。"[①] 这一过程不仅涵盖了对档案实体的保护，以抵御自然灾害、人为破坏及其他意外事件的侵害，还涉及对档案的合理分类、有序存储和科学管理，旨在预防档案遗失、损毁或滥用。通过建立严密的档案保管程序和规范，我们能够有效地保证档案的完整性和原始状态，为未来的查询和使用奠定坚实基础。档案保管工作亦涉及定期对档案进行检查和维护，以及针对潜在的风险和威胁制定相应的预防和应对策略，确保档案在需要时能迅速、精确地被检索，并在使用中维持其价值和可信度。

第二，档案保管工作也是维护历史真相和社会公信力的必要措施。档案是历史的见证，它记录人类社会发展的真实历程，是后人了解历史、认识社会的重要依据。档案保管工作旨在维护档案的真实性和可信度，防止档案被篡改或损坏，确保后人能够了解历史的真相。同时，档案保管工作也是维护社会公信力的必要措施，只有确保档案的真实性和可信度，才能保障公众对政府和公共机构的信任度。

---

① 杜永江. 浅谈档案保管工作的意义和任务 [J]. 科技视界，2014（33）：220.

第三，档案保管工作对于单位或组织的发展也具有重要的作用。档案保管工作旨在确保这些资料的安全与完整，使其在需要时能够被查阅和利用。这对于单位或组织的未来发展具有重要的指导意义，能够帮助单位或组织总结经验教训，优化工作流程，提高工作效率。

第四，随着信息技术的迅速发展，电子档案已经成为档案保管工作的重要组成部分。电子档案对于存储设备、网络安全等也有着较高的要求。因此，档案保管工作也需要不断创新和完善，确保电子档案的完整性和安全性。

总之，档案保管工作具有重要的意义，它是保障档案安全、维护历史真相和社会公信力、促进单位或组织发展的重要手段。我们必须高度重视并做好档案保管工作，以确保珍贵的历史文化遗产得到有效的保护和利用。

（二）档案保管工作的要求

第一，确保档案的完整性。在档案保管工作中，应该力求保证档案原件的完整与安全。档案原件具有无可置疑的凭证作用。现代复制技术的提高，可以使复制件的仿真程度不断提高。为了节省存储空间和费用，目前一些国家已经有条件地承认了一部分复制件的法律效用。对于这些档案来说，信息的保存与流传甚至比保存原件具有更重要的意义。就目前我国的情况来看，应先下功夫保存好原件，对于那些已经损坏的档案原件则应设法将其以复制件形式保存下去。这样可以减少原件的机械磨损和其他损坏的可能，从而起到保护原件的作用。

第二，确保档案的安全性。档案保管工作的目的是保证党和国家对档案的利用。因此，不能片面地强调保护档案而不考虑利用的方便，也不能只迁就一时的利用方便而不顾及档案的保护，影响档案长远的利用。在实际工作中，保管和利用既有具体的矛盾，又有总体的一致性。保管和利用的关系实质上是当前利用与长远利用矛盾的统一。所以，保管工作的各项制度、技术措施等，既要立足长远利用，又要保证当前利用的方便。

第三，确保档案的可读性。寻找科学地保管档案的技术方法是安全地保管档案的关键所在。保管档案的技术方法很多，概括起来，主要有两种：①如何预防档案文件损坏的问题。这里既有人为的因素，也有自然的因素。②档案损坏之后，如何进行处置的问题。比如追查丢失、破坏或火灾事故的原因和责任，防尘、灭火、防霉、灭鼠、恢复纸张的机械强度、恢复字迹等。在"防"和"治"两个方面，"防"是档案保管工作中的根本问题，是主导方面。防治之间具有相互促进、相辅相成的关系。

第四，确保档案的有效性。对于需要长久保管的档案以及重要立档单位的档案，应该采取措施，加以重点保护，使其既安全又延长寿命。

第五，确保档案的规范性。档案妥善地保管下去，必须具备一定的物质条件，有一定的技术装备，对此必须予以足够的重视，给予必要的投资，这不仅为当前所需要，也为历史所需要。

（三）档案保管工作的任务

维护档案的完整与安全，既是整个档案工作中必须始终遵循的基本原则，也是档案工作各项业务环节的共同任务。从一定意义上讲，维护档案的完整和安全更是档案保管工作的中心任务，这是因为档案保管工作这个环节是实现维护档案的完整和安全的重点环节和主要手段。实质上，档案保管工作也是人们向一切可能损毁档案的社会的、自然的不利因素做斗争的工作过程。简言之，档案保管工作应该做到以下四点：

第一，建立和维护档案的存放秩序。档案馆（室）收集来的大量档案需要按照一定次序排列和存放于库房中，使之在库房内形成一定秩序。档案入库后，由于使用者查阅、档案编研、库房调整等，也常常需要抽调、移动一部分档案的位置，从而使档案原有的存放秩序发生变化。档案的排列有序是保证档案完整与安全，利用、存放、索取迅速便捷的基本条件，因此必须建立科学合理的存放秩序，并使这一秩序得到维护。

第二，防止档案的损坏。要了解和掌握档案损坏的原因和规律，通过经常性的具体工作，采取专门的、有的放矢的技术措施和方法，最大限度地消除各种可能损坏档案不利因素的影响，从而把档案的自然损坏率降低和控制在最小范围内。

第三，延长档案的寿命。档案保管工作不能只是一味地防止档案的自然损坏，还要从根本上采取更积极的措施，最大限度地延长档案的寿命。

第四，维护档案的安全。一方面，档案是一种物质存在的形态，必须最大限度地使其安全存在下去；另一方面，档案作为一种社会现象，在整个政治斗争范围内不能因为保管不当或条件的低劣而使其丢失或泄密，造成政治上的不安全。

（四）档案保管工作的场所

档案保管工作的主要场所是档案库房。档案库房是档案馆中专门用于存放档案的场所，通常由纸质档案库、音像档案库、光盘库、缩微拷贝库、母片库、珍藏库、实物档案库、图书资料库、其他载体档案库以及过渡间等组成。档案库房的建设需要遵循一定的标准和规范，在建设过程中，要结合实际的要求，确定库房建设的面积，并为档案提供足够的安全存放空间。同时，也要考虑库房内外环境，尽量减少水、暖、电等基础设施带来的隐患。

一般情况下，档案库房只允许档案库房管理的专门人员进入，非管理人员原则上不允许进入。在库房内，不允许从事与库房管理工作无关的其他活动，如吸烟、喝水、吃东西等。库房无人时，必须关灯、关窗、上锁等。这些规定都是为了确保档案的安全和保密性。

库房管理是档案保管工作的主要内容和经常任务，是档案工作的基本建设内容之一。

1. 库房编号和排架

库房统一编号有利于库房的科学管理。库房编号有两种方法：①为所有的库房编辑总的顺序号，适合库房较少的档案馆（室）；②根据库房所在地的方位及库房建筑的特征进行分区编号。楼房可以编层号，每层房间从左向右顺序编号；平房应先分开院、排，然后自左而右统一编顺序号。

库房中的档案架（柜）、箱等装具应该排列有序，统一编号。不同规格、不同式样的档案架（柜）、箱应该分开排列，尽量做到整齐划一。档案架（柜）、箱的排列应注意充分利用库房的地面和空间，同时要便于档案的搬运和取放，不宜太松或太紧。采用固定式档案架，架（柜）子之间主要过道的宽度应便于手推车的通行。固定档案架（柜）间通道比装具占地多，通道经常闲置是很大的浪费。为了挖掘通道面积的潜力，可以采用活动式密集架。当需要进入某排架间时，只要离开相连的架车，在该处即闪出一条通道来。

库房内档案架（柜）、箱的排列要避开强烈光线直射，同时注意勿使档案柜、架的排列有碍通风。为了便于对库房内档案的管理和利用，所有档案架（柜）应统一编号。

2. 档案存放位置索引

为了便于保管和取放档案，工作人员要切实掌握档案馆（室）中档案的存放情况，并将排好的档案编制存放地点索引。按其作用，档案存放地点索引可以分为两种。

（1）指明档案存放处所的，即以全宗及其各类档案为单位，指出它们的存放地点。

（2）存放地点索引（以库、架为单位指明档案存放情况的）可以采用图表形式，把每个库房（楼、层、房间）内档案存放的实际情况绘成示意图，也可绘成大型的图表挂贴在醒目处，便于档案的管理和调阅。上述两种索引按形式又可分为簿册式和卡片式两种。其详细程度和表格中的项目可以根据档案馆（室）的规模和查找档案的频繁程度等具体情况来决定。

3. 档案代理卡

为了便于库房管理，工作人员要掌握档案流动情况，做好安全检查工作，填制一张卡片放在档案原来存放的位置上，这就是通常所说的"代理卡"或"代卷（件）卡"。有时用较醒目的红、黄、绿、蓝等颜色的卡片以示区别。其主要项目有全宗号、案卷目录号、卷号、移出日期、移往何处、经手人、归还日期、签收人等。

档案代理卡是一种简便实用的管理工具。如果案卷经常调出或归还，不用代理卡则往往会出现虽能在案卷目录上查出，到架上提取案卷时却没有案卷的情况，库房管理人员也会因不知是丢失还是借出而心中无数。

（五）档案保管工作的制度与规范

档案信息化基础管理流程中的保管制度与规范是档案管理的重要环节，对于保证档案的完整、准确、安全和可利用性具有至关重要的作用。

保管制度是指对于档案的存储、使用、传递、销毁等各个环节所制定的具体规定和流程。这些规定和流程应当明确、具体、可行，并且要与档案的特点和管理要求相适应。例如对于一些具有重要历史价值的档案，应当采取更为严格的保管措施，如限制访问、加密等措施；对于一些机密性较高的档案，应当采取更为严格的传递和销毁流程，如审批、签字等措施。

规范是指对于档案保管的具体操作和行为所制定的标准和要求。例如对于档案的分类、编目、整理、存放、查阅等各个环节，应当制定相应规范和流程，如分类标准、编目规则、整理规范、存放要求、查阅规定等。

保管制度与规范应当相互配合，共同构成档案保管的规范体系。保管制度应当为规范提供具体的操作依据和流程指导，而规范则应当为制度提供具体的操作标准和规范要求。在实际操作中，应当根据档案的特点和管理要求，制定具体的保管制度与规范，并严格执行。在制定保管制度与规范时，应当考虑以下方面：

第一，档案的特点和管理要求。不同的档案具有不同的特点和管理要求，因此在制定制度与规范时应当根据实际情况进行具体分析和制定。

第二，法律法规的规定。档案管理应当遵循法律法规的规定，因此在制定制度与规范时应当遵守法律法规的要求。

第三，实际操作的可行性。制度与规范应当符合实际操作的要求，能够为实际操作提供具体的指导和支持。

第四，档案的保密性和安全性。档案的保密性和安全性是档案管理的重要方面，因此在制定制度与规范时应当考虑如何保障档案的保密性和安全性。

第五，档案的可利用性。档案的利用是档案管理的重要目的，因此在制定制度与规范时应当考虑如何提高档案的可利用性。

二、档案检索工作

（一）档案检索工作的意义

第一，桥梁作用。档案的数量随着时间的推移而日益庞大，内容也日益繁杂，档案检索就是在档案和利用者的特定需要之间架设一道"桥梁"，沟通两者的供需关系，利用者借助检索工具便可以较为迅速准确地获取所需档案。

第二，交流作用。档案检索工具中存储大量的档案信息，不仅可以提供查询，还可以成为档案室（馆）与利用者、档案室（馆）之间的交流工具。利用者借助检索工具可以了解档案的分布、内容、价值等信息，档案室（馆）借助检索工具可以互相了解馆藏情况、互通有无，提高服务质量。

第三，管理作用。档案检索工具记录档案的主要内容和形式特征，集中、浓缩地揭示馆藏情况，档案工作人员可以通过检索工具概要了解馆藏档案的内容、形式、数量等情况，为档案管理业务活动提供一定的依据，尤其是馆藏性检索工具反映档案实体顺序，在库房管理、档案数量统计等管理活动中直接发挥作用。各种检索工具还是档案工作人员查找档案、提供咨询、开展档案编研工作的必要手段。

（二）档案工作中检索的地位

检索是存储和查找档案信息的过程，在档案工作中有着重要地位。

第一，提高工作效率。通过检索，档案工作人员可以迅速找到所需的档案资料，避免了手工查找的烦琐和时间消耗，提高了工作效率。

第二，优化服务体验。在为公众或其他单位提供档案查询服务时，高效的检索系统能够提供良好的用户体验，体现了档案工作的现代化和服务水平。

第三，保护档案安全。合理的检索系统设计可以减少档案的实体接触，降低档案的磨损和损坏风险，确保档案资料的安全和完整。

第四，促进档案利用。高效便捷的检索能够鼓励更多的人使用档案资源，促进档案信息的传播和利用，充分发挥档案的价值。

第五，支持决策制定。对于政府机关和企事业单位而言，快速准确地检索到相关的档案资料，可以为决策制定提供历史依据和数据支持。

第六，维护合法权益。在法律诉讼、权益维护等方面，档案检索能够提供必要的证据支持，保障公民和组织的合法权益。

随着信息技术的发展，档案检索已经从传统的手工检索发展到计算机检索，再到现在的数字化、网络化检索，检索系统的智能化、自动化水平不断提高，档案检索的效率和准确性得到显著提升。同时，档案检索系统的建设也符合国家信息化发展战略，是推动档案事业科学发展的重要措施。

（三）档案检索工具

档案检索工具是用于存储、查找和报道档案信息的系统化文字描述工具，是目录、索引、指南的统称。

1. 档案检索工具的作用

（1）档案检索工具是揭示馆（室）藏的重要手段。档案室（馆）的各项工作就是正确处理"藏"与"用"的关系，做到"藏"而不死、"用"而不乱，这是对档案室（馆）工作的重要要求。面对繁多的档案材料，主要是通过检索工具全面地把档案的内容和成分揭示出来，准确、迅速地向利用者提供档案材料。

（2）档案检索工具能够使档案工作人员进一步熟悉馆（室）藏，为主动提供利用创造条件。熟悉档案内容是档案人员的基本功，也是搞好利用工作的条件之一。一个档案工作人员通过编制检索工具，有计划地翻阅文件或案卷，熟悉和了解档案内容，掌握各个全宗的历史沿革、机构演变、职权范围，整理与鉴定工作情况，档案存放地址、数量等，做到心中有数，并采取各种措施，不断地改进基础工作，为主动提供利用创造条件。

（3）档案检索工具能提高档案室（馆）的科学管理水平和工作效率。档案室（馆）要对收藏的档案进行科学管理，就必须编制多种多样的检索工具。尤其是馆藏性检索工具反映档案室（馆）内实体排列的顺序，可以在库房管理、档案数量统计等管理活动中直接发挥作用。检索工具质量的高低与数量的多少在很大程度上能反映档案室（馆）的科学管理水平。检索工具只有多样化，才能从不同角度去查找档案材料，提高检索的速度和效率。

（4）档案检索工具是宣传报道馆藏，进行馆际间情报交流的重要渠道。档案检索工具可以向外界报道和介绍馆藏，提供查找档案的线索，发挥参谋和咨询作用，提高服务质量。利用者通过检索工具直接向有关档案室（馆）查阅自己所需要的档案材料，解决工作和生产中的各种问题。各档案室（馆）之间通过相互交换开放档案的全宗目录、全宗指南、专题目录、文件目录、档案室（馆）指南等检索工具，加强馆际协作，实现"资源共享"，使档案工作人员不但能了解本馆馆藏，而且可以了解各档案室（馆）开放档案的情况，拓宽视野，掌握更多的档案线索，有利于开展利用工作。各档案室（馆）之间也可以通过复制或提供备份等途径来丰富馆藏。

2. 档案检索工具的功能

档案检索工具的功能包括两个方面：一方面，把有关档案的内容和外形特征著录下来，成为一条条档案信息，并将它们系统排列，按照某种特定的体系组织起来，这就是档案信息存储在检索工具中的过程；另一方面，检索工具能提供一定的查找手段，使人们可以按照一定的检索方法，随时从存储的档案信息中检出所需要的档案材料，这就是档案的查找过程。

任何种类的档案检索工具都必须具备存储与查找的功能。存储是查找的基础和前提，查找是存储的反馈和目的。通俗来讲，存储就是放进去，查找就是拿出来，没有前者，就不可能有后者，没有后者，前者就失去了存在意义。由于检索工具的这两种基本功能，使它能够将分散的、无组织的大量档案信息集中起来，组织成一个有机联系的体系，以备人们在当前和今后按照自己的特定需求，从茫茫的档案海洋中检索出需要的档案材料。档案工作人员在编制检索工具时应始终把握住这两个基本职能。

3. 档案检索工具的符号

（1）符号的作用。符号作为一种人工语言的形式，在档案整理与编目，科学管理和提供利用，实现档案管理的标准化、现代化中有着不可忽视的作用。特别是编制档案检索工具，更是离不开符号。符号具有固定档案排列次序、存放位置的功能，利用阿拉伯数字和外文字母的自然顺序，表述档案的分类体系和分类层次，全宗、案卷、文件的序列和存放位置，既简便又准确；符号可以指代某一特定的实在内容，能以简单明确、易懂易记的方式去表示文件或案卷的特征、著录，便于检索。电子计算机的存储与检索都是把繁难的方块汉字转化为符号。符号的应用，给电子计算机输入和输出提供最有利的条件，能加快手检向机检过渡的进程。

（2）符号的种类和编制要求。档案检索工具的符号大体可分为实体符号、容具符号、标识符号三种。实体符号包括档案室（馆）代码、分类号、顺序号、档号（全宗号、案卷目录号、件号或页张号）、缩微号等；容具符号包括库房号、箱架号、橱柜号等；标识符号包括著录项目标识符与著录内容识别符。各种符号层次分明，井然有序，相互补充，相互配合，构成一个有机的符号系统。

4. 档案检索工具之档案著录

档案著录是档案室（馆）编制档案检索工具时，对档案的内容和形式特征进行分析、选择和记录的过程。它具体记录或描述每份文件、每个案卷的内容和形式特征，揭示其主要内容、科学价值，指明出处，区别相互之间的异同，有效地揭示馆（室）藏，帮助利用者准确、迅速地检出所需要的档案。

档案著录的结果——条目，是指按照一定的方法，将反映单份文件或案卷的内容和形式特征的著录项目组合成一条记录。将众多的条目按照一定的体系和方法排列起来，便是目录。档案著录是获取档案中所含情报信息的主要途径，是编制档案检索工具的基础，著录的质量直接影响档案检索工具的质量。无论何种检索工具，要有良好的存储和查找功能，著录项目就必须详细具体、标引准确、格式与标识符号统一、文字简明。著录工作中的讹误会降低检索工具的效能，甚至使之丧失作用。

档案著录包括著录原则、著录项目、著录格式、标识符号、著录信息源、著录用文字、著录项目细则。档案著录要求做到：内容准确，形式一致，符合标准化。

档案著录应遵循客观性原则。按照档案本身的文字、原题名的用词、排列顺序著录，保留题名中的标点符号，自拟的著录内容加"［］"，错误的原题名、责任者、形成时间可以照录，但应另拟题名或将考证出的责任者与形成时间附后，也可在附注项说明。

（四）档案检索方法与技巧

档案信息化的基础管理流程是档案管理工作的重要组成部分，其中包括检索方法与技巧。检索是档案信息化的基础，只有通过检索才能获取到需要的信息。

检索方法是指在档案信息化的基础管理流程中，对档案信息进行检索的方式。常见的检索方法包括关键词检索、分类检索、主题检索、人名检索、机构检索等。其中，关键词检索是最常用的一种检索方法，它可以通过输入关键词进行检索，例如输入"人物姓名""机构名称"等关键词进行检索。分类检索是将档案信息按照一定的分类方式进行检索，例如按照年代、主题、机构等进行分类。主题检索是根据档案信息的主题进行检索，例如输入"经济发展""环境保护"等主题进行检索。人名检索是根据档案中的人物姓名进行检索，例如输入"××领导""××专家"等人物姓名进行检索。机构检索是根据档案中的机构名称进行检索，例如输入"××部门""××公司"等机构名称进行检索。

检索技巧是指在档案信息化的基础管理流程中，通过一些特定的操作方式来提高检索效率的方法。常见的检索技巧包括布尔运算、模糊检索、同义词检索、高级检索等。通过掌握这些方法与技巧，可以提高检索效率，从而更好地实现档案信息化的基础管理流程。

第三章 档案信息化建设中的技术应用

●●▶ 第一节 技术对档案信息化建设的影响

一、提升档案信息检索效率，实现精准定位

随着技术的不断进步，特别是搜索引擎和数据库技术的快速发展，档案信息检索的效率和准确性得到显著提升。如今，用户只须在档案管理系统中输入关键词或相关信息，系统便能迅速定位到所需的档案信息。这得益于搜索引擎技术的高效匹配和数据库技术的快速查询。通过精确匹配关键词和档案信息内容，系统能够在极短的时间内找到用户所需的档案信息，提高检索效率。

此外，现代技术还支持多种检索方式，如全文检索、关键词检索、模糊检索等，进一步满足了用户的不同需求。用户可以根据自己的需求选择合适的检索方式，快速找到所需的档案信息。这种灵活多样的检索方式不仅提高了档案信息检索的效率，也提高了档案信息的利用率。

二、促进档案信息共享与利用，推动文化传承与发展

档案信息作为一种重要的信息资源，对于学术研究、文化传承和社会发展具有重要意义。然而，在传统的档案管理模式下，由于档案信息的分散和封闭，其共享与利用受到很大的限制。

技术的应用打破这一限制，通过构建档案信息共享平台和开放档案目录等手段，使得档案信息可以在更广泛的范围内被共享和利用。这些平台可以将各地的档案信息资源进行整合和共享，使得用户可以通过平台快速获取所需的档案信息。同时，开放档案目录也可以为用户提供更加详细的档案信息查询服务，方便用户查找和利用档案信息。

这种共享与利用的方式不仅有利于发挥档案信息的价值，还有助于推动学术研究和文化传承的发展。通过共享档案信息，研究人员可以更加深入地挖掘历史文化的内涵和价值，为学术研究提供有力的支持。同时，档案信息的共享也可以促进不同文化之间的交流和融合，推动文化的传承与发展。

三、加强档案信息安全性保障，确保信息完整与可信

档案信息的安全性至关重要，它关系到历史文化的传承和学术研究的真实性。然而，在传统的档案管理模式下，由于存储和管理方式的落后，档案信息的安全性往往无法得到保障。

技术的应用为档案信息的安全性提供强有力的保障。通过采用加密技术、防火墙等安全技术手段，可以保护档案信息不被非法访问和篡改。这些技术手段能够确保档案信息在传输和存储过程中的安全性，防止档案信息被恶意攻击或窃取。此外，技术还支持对档案信息的备份和恢复。通过定期备份档案信息，可以确保在发生意外情况时，能够迅速恢复数据，保障档案信息的完整性和可用性。这种备份与恢复机制为档案信息的安全性提供双重保障，使得档案信息能够在任何情况下都得到有效的保护。

四、推动档案工作创新与发展，提升服务质量与效率

技术的应用不仅提高了档案信息检索效率和安全性，还推动了档案工作的创新与发展。通过引入新技术、新应用，档案工作不断拓展领域和范围，提升服务质量和效率。例如利用大数据分析技术，可以深入挖掘档案信息的价值。通过对大量档案信息的分析和挖掘，可以发现其中的规律和趋势，为政府决策和社会管理提供有力支持。这不仅可以提高档案工作的价值，还可以为社会发展提供有益的参考。

此外，人工智能技术也在档案工作中发挥着越来越重要的作用。通过训练机器学习模型，可以实现档案信息的自动分类和标注。这种自动化处理方式不仅减轻了档案工作人员的工作负担，还提高了档案信息的准确性和一致性。同时，人工智能技术还可以应用于档案信息的智能检索和推荐，为用户提供更加便捷和个性化的服务体验。

第二节　基础技术的实践应用

一、计算机技术的实践应用

计算机技术在档案信息化建设中发挥核心作用。计算机技术不仅能够处理和存储海量的档案数据，还能够通过数据库和数据挖掘技术对档案信息进行分析和利用。计算机技术使得档案信息的管理从传统的手工操作转变为自动化、智能化管理，大幅提高档案管理的效率和质量。

(一) 计算机技术的简介

计算机技术在档案信息化建设中发挥核心作用，能处理、存储海量数据，通过数据库和数据挖掘技术分析、利用档案信息。它使档案管理从传统手工操作转为自动化、智能化，提高效率和质量。

第一，主机。中央处理器是核心部件，由控制器和运算器组成。控制器指挥系统运行，运算器进行逻辑和算术运算。CPU 技术指标决定计算机效能和档次。内存储器分为 ROM 和 RAM，存放程序和中间数据，影响计算机性能。

第二，外部设备。①外存储器。存放长期保存的数据和程序，主要有磁盘、磁带等，是档案数据的主要载体。②输入设备。将数据输入计算机，常用设备有键盘、鼠标、话筒等。随着技术发展，输入设备日益多样化。③输出设备。将计算机数据输出，常用设备有显示器、打印机等。

第三，网络设备。①网络传输介质：有线和无线两类，用于信息传输。②网卡：连接计算机与网络，实现数据转换等功能。③集线器：分发信息，已逐渐被交换机替代。④交换机：提供独享电信号通路，增加带宽。⑤路由器：连接各局域网、广域网，自动选择信道。

(二) 计算机技术对档案信息化建设的影响

随着信息技术的飞速发展，计算机技术在档案信息化建设中扮演着越来越重要的角色。从档案的收集、整理、保存到利用，计算机技术都带来深刻的变革。

第一，计算机技术极大地提高档案收集和整理的效率。传统的档案收集和整理工作主要依靠人工完成，不仅费时费力，而且容易出错。而计算机技术的应用，使得档案的收集和整理可以通过自动化手段完成，提高工作效率。例如通过扫描技术，可以将纸质档案快速转化为电子档案，方便存储和检索。同时，通过数据挖掘和文本分析技术，可以自动提取档案中的关键信息，为档案的整理和分类提供支持。

第二，计算机技术为档案的保存提供新的可能性。传统的纸质档案容易受到物理环境的破坏，如火灾、水灾等，而且随着时间的推移，纸质档案还会出现老化、破损等问题。而电子档案则可以通过备份、迁移等技术手段，有效地避免这些问题。此外，通过数字签名、加密等技术，可以确保档案在传输和存储过程中的安全性，防止档案被非法篡改或泄露。

第三，计算机技术极大地拓展了档案的利用范围。传统的档案利用主要局限于档案部门内部，而且受限于档案的物理位置，利用者往往需要亲自前往档案部门进行查阅。而通过计算机技术，档案的利用可以突破时间和空间的限制，实现远程访问和在线利用。例如通过建立档案数据库和档案网站，利用者可以在任何时间、任何地点通过网络访问档案资源，极大地提高了档案的利用效率。

第四，计算机技术还为档案的共享和交流提供新的平台。传统的档案共享和交流主要依靠人工传递或邮寄，不仅效率低下，而且容易造成档案的丢失或损坏。而通过计算机技术，可以实现档案的快速传递和共享。例如通过电子邮件、即时通信等技术，可以实现档案的即时传递和交流。通过建立档案共享平台，可以实现档案资源的共建共享，促进档案信息的流通和利用。

计算机技术对档案信息化建设的影响是多方面的，既包括对档案工作流程的优化，也包括对档案保存和利用方式的改变。随着计算机技术的不断发展，档案信息化建设将迎来更多的机遇和挑战。因此，档案工作人员需要不断学习和掌握新的计算机技术，以适应档案信息化建设的发展需求。

（三）计算机技术推动档案信息化建设的优化策略

面对计算机技术给档案信息化建设带来的机遇和挑战，档案部门需要采取一系列优化策略，以推动档案信息化建设的深入发展。

第一，加强档案信息化基础设施建设。计算机技术是档案信息化建设的基础，因此，档案部门需要投入足够的资金和人力，加强档案信息化基础设施建设。这包括购买高性能的计算机设备、建立稳定的网络环境、搭建档案数据库和档案网站等。同时，还需要定期对档案信息化基础设施进行检查和维护，确保其正常运行。

第二，提高档案工作人员的计算机技术水平。档案工作人员是档案信息化建设的主力军，他们的计算机技术水平直接影响到档案信息化建设的质量和效率。因此，档案部门需要加强对档案工作人员的计算机技术培训，提高他们的计算机操作能力和应用水平。同时，还可以通过引进计算机专业人才，提升档案部门整体的技术水平。

第三，优化档案工作流程。计算机技术的应用可以极大地提高档案工作效率，但前提是需要对档案工作流程进行优化和调整。档案部门需要根据计算机技术的特点，重新设计档案工作流程，使其更加符合计算机技术的应用要求。例如可以建立电子档案管理系统，实现档案的在线收集、整理和利用。同时，还可以通过自动化手段，实现档案的快速检索和查询。

第四，推动档案信息化建设的标准化和规范化。计算机技术的应用需要统一的标准和规范，以确保档案信息化建设的顺利进行。因此，档案部门需要积极参与档案信息化标准的制定和推广，推动档案信息化建设的标准化和规范化。这包括制定统一的档案信息化标准、推广先进的档案信息化技术、建立档案信息化评估体系等。

二、收集、扫描与识别系列技术的实践应用

收集、扫描与识别技术，是档案数字化的基础。通过高速扫描仪和高性能OCR识别软件，可以将纸质档案快速转换成电子档案，并通过字符识别技术将图像文件转换成可编辑的文本格式。这不仅提高了档案数字化的效率和准确率，还降低了档案管理成本，并为档案的检索和利用提供便利。

（一）数据挖掘技术的应用

第一，档案信息收集与处理。数据挖掘技术可以对档案信息进行收集和处理，实现档案信息的自动化收集和处理。例如档案管理人员可以通过在网上发布调查问卷，收集使用者的具体个人资料，并将这些信息输入数据库中。数据库应包含有使用者的具体个人资料，例如姓名、职业、教育程度等基本信息。当新的使用者信息输入数据库中时，程序会对其档案资料及其今后的需求进行自动分析，通过这种方式确定用户的需求类型，提高服务的针对性和准确性。

第二，档案分类与信息预测。数据挖掘技术可以通过对档案信息的分析，实现档案分类和档案信息预测。例如通过对已有的档案信息进行分析，可以发现档案信息之间的关联性，从而实现档案信息的分类。同时，数据挖掘技术可以对档案信息进行预测，预测未来的档案需求，为档案管理工作提供参考。

第三，档案管理个性化功能实现。数据挖掘技术可以帮助实现档案管理个性化功能。例如通过分析用户的需求，可以为用户提供个性化的档案服务，提高用户满意度。此外，数据挖掘技术还可以帮助档案管理人员了解用户的行为习惯，从而为用户提供更加贴心的服务。

第四，档案信息安全管理。数据挖掘技术可以帮助实现档案信息安全管理。此外，数据挖掘技术还可以帮助档案管理人员对档案信息进行实时监控，确保档案信息的安全。

总之，数据挖掘技术在档案信息化建设中发挥着重要作用。通过对档案信息的收集、处理、分类、预测和管理，数据挖掘技术为档案管理工作提供有力支持。同时，数据挖掘技术还可以帮助实现档案管理个性化功能和档案信息安全管理，为档案管理工作提供更加高效、便捷的服务。

（二）图像采集与识别技术

为了适应多媒体和全媒体技术的飞速发展，近年来计算机图像采集与识别技术日新月异。该技术对档案信息化的影响有如下方面：

第一，图像采集技术。包括数码摄影、摄像、扫描等图像采集设备的功能日益强大，使用日益便捷，由此催生了海量的高质量的图像信息。一方面，使多媒体档案的收集、整理、保管、保护面临巨大的压力和难题。另一方面，使档案资源增添大量生动直观的优质信息资源，弥补了传统文字档案可视化不足的缺陷。

第二，识别技术。包括生物识别、图像识别、磁卡识别等识别技术的日益成熟和成本下降，为档案信息化的应用创造了充分的条件，在辅助档案实体的档案进出库登记、借阅登记、归还登记、入库档案清点、档案库房安全管理等方面有广阔的应用前景。

第三，手机二维码技术。该技术已经广泛应用于社会各领域，也可用于档案用户身份识别、文件防伪和网站快速定位等，显著提高档案信息主动推送和档案网站快速访问的效率，进一步促进档案事业的社会化。

第四，光学字符识别。该技术使图像信息迅速转换为文字信息，便于将目前大量扫描形成的图像档案文件转换为档案大数据，便于当代大数据技术的应用，为档案的内容管理和全文检索奠定宝贵的基础。

第五，人脸识别技术。人脸识别技术可将非结构化数据转化为向量信息，机器能识别图片。例如声像档案是记录历史的重要资料，人脸识别技术可助力其管理。对档案库图片和视频进行卷积运算，打上数据标签，建立内在关联，提升检索查全率；人脸识别技术可推动检索机制创新，实现智慧化推送，加快智慧档案馆建设；人脸识别技术与其他人工智能技术结合，可以深度开发声像档案资源，提高检索利用效率。

第六，手写体档案智能识别技术。手写体识别技术是指利用计算机和数字图像处理技术，将手写汉字、英文字母和符号等内容转换为文本信息或指令的过程。手写体识别技术的核心是建立一个能够识别手写体的算法模型，通过对手写体的形态特征和规律分析，提取有效特征，经过数据训练及优化算法，得出对手写体内容的识别结果。档案数字化是将纸质档案转换为电子形式的过程，以实现档案的存储、管理和检索的现代化处理方式。在档案数字化过程中，手写体识别技术发挥着重要的作用，在提高数字化效率和准确性的同时，也方便了档案的管理和使用。

（三）检索与存储技术

为了实现大容量、高密度、长寿命的目标，存储行业经过不断探索，使用多种技术方案，在原有基础上研发一些新型存储介质。

1. 检索技术

检索技术包括搜索引擎、网络机器人、智能检索、图像检索等。该技术对档案信息化的影响有如下方面：

（1）检索功能智能化，使计算机对自然语言（如关键词）的检索具有一定的语义推理、扩检能力，可显著提高查全率和查准率并方便用户，将广泛应用于档案检索。

（2）检索条件图像化，将过去的通过文字检索转变为通过图像检索，如指纹、照片检索，从而显著提高影像档案的检索能力，给检索手段带来革命性的变化。

（3）检索服务简单化，使各种移动终端和搜索引擎的使用更加简洁，从而使检索服务更加人性化，如检索后提供自动摘要、自动跟踪、自动漫游、机器翻译、动态链接等，网络机器人技术可以对特定的检索需求进行定制，自动挖掘互联网信息。

（4）检索领域多样化，可提供多语种、多媒体服务，还能提供政治、军事、金融、文化、历史、健康、旅游等各种专题的个性化服务，这些都能使档案检索系统的设计更好地面向用户，深入满足大众的各种档案需求。

2. 存储技术

（1）存储技术的特征。

随着数字信息存储技术的飞速发展，涌现出存储区域网络、网络附属存储、云存储、固态硬盘、存储卡、磁盘阵列、磁带库、光盘、光盘塔、光盘库等新型存储技术和存储设备。该技术对档案信息化的影响有如下方面：

第一，海量化存储技术。存储海量化、载体密集化、存取快捷化，一方面更有利于发挥大数据电子文件存储密集、传播方便的优势，有利于大容量多媒体电子档案的长期保存；另一方面也增加了电子档案信息失窃、失落、失真、失密的风险，使电子文件安全保管面临更大的挑战。

第二，集群存储技术。多台服务器"团队作业"的集群存储技术能显著提高档案信息系统的快捷性、稳定性和灵活性，有利于大数据档案的安全存储、高效处理和广泛共享。

第三，自动采集元数据技术。如今计算机的各种移动终端都可以为我们的操作行为自动留痕。手机和相机的摄影、摄像都可以自动记录拍摄的日期、位置（GPS 信号）、版权等元数据，有效地保护、管理和利用这些信息，可以使电子文件元数据管理真正从理论探索走向实践，显著增强电子文件的真实性、完整性、有效性和还原历史的能力，由此确保电子文件的档案价值。

第四，固态硬盘技术。该技术的普及将使信息存储更加稳定、处理更快捷，也使移动终端更加轻便、省电。这将有利于档案数字化信息的长期保存和保护，同时也将加速档案服务终端的移动化进程。

（2）存储技术的新类型。

第一，数字胶片。数字胶片是一种新型纳米胶片，用于数字资源存储。数字胶片除了能够把可视化的图像存储在胶片上，还可以不经过数模转换来存储数字数据。

第二，全息光盘。全息存储技术突破传统的二维存储，采用超高分辨率三维光存储技术。激光经分光镜分为物光和参考光，两束光相遇发生干涉，使得数据信息以全息图的方式被记录下来。由于参考光入射方向不同，这就将不同的信息重复存储在全息介质的相同位置上，增加了存储容量。读取时，利用相同参数的参考光照射存储介质，将再现出的信号光转变成电信号，以数据页为单位进行读写，有极高的数据传输速率。全息光存储技术被认为是很有前景的一种光存储技术。

第三，玻璃类光存储。玻璃具有透光性好、化学稳定性好等特点，其使用寿命可达千年。目前，已有多种基于玻璃类光存储研制成功。超短脉冲激光是研究物质微观体系的重要工具，飞秒激光就是其中的代表。玻璃存储读取光包含纳米格栅的方向、激光折射的强度，加上玻璃的三维空间，一共五个维度，这一技术也被称作"五维数据存储"。利用双折射显微镜，可以读取存储信息。"五维数据存储"具有更大的数据存储密度，存储数据量可达 360TB，耐热温度更是可以达到 1000℃，存储寿命极其稳定。科学家不断推动这项技术的优化发展，这一技术可以在不久的将来得到商用，对存储数字档案极具潜力。

第四，DNA（脱氧核糖核酸）存储技术。存储密度高，可实现较短时间复制大量数据，存储在 DNA 中的数据还可利用 DNA 杂交对其进行相似性搜索，在合适的条件下保存时间可达几百年到上千年。DNA 存储技术的优点包括信息密度高、长期稳定性、抗磁性和电磁干扰等。

第五，蚕丝生物技术。蚕丝存储技术是通过纳米针尖使用红外光对蚕丝蛋白进行操纵，蚕丝蛋白吸收能量后转变成凸起的纳米柱，以达到数字信息的写入。用同一套系统则可实现数字信息的读取。蚕丝存储不会受到强磁场、强辐射、微波辐照等干扰。目前，已经有团队成功通过该技术实现了图像、音频等文件的存储和读取[1]。蚕丝存储不仅可以存储数字信息，还可以存储生物信息，如存储人体 DNA 和血液样本。

三、移动终端技术的实践应用

随着科技的飞速发展，移动终端技术已经深入社会的各个领域，包括档案信息化建设。移动终端技术包括 5G（第五代移动通信技术）、移动电视、平板电脑、电子阅读器技术等，这些技术的应用，对档案信息化产生了深远的影响。档案信息化建设是现代社会信息化进程的重要组成部分。移动终端技术的应用，为档案信息化建设提供新的可能性和挑战。

第一，移动终端技术的应用，使得档案信息的获取和利用更加便捷。传统的档案查询需要到档案馆进行，费时费力。而通过移动终端，用户可以随时随地通过互联网访问档案资源，极大地提高了档案的利用效率。

第二，移动终端技术的应用，使得档案信息的管理更加高效。通过移动终端，档案管理人员可以进行远程管理，实时监控档案的存储状态，及时处理档案

---

[1]　如：中国科学院上海微系统与信息技术研究所陶虎课题组联合美国纽约州立大学石溪分校和德州大学奥斯汀分校相关课题组。数据来源：中国科学院，基于蚕丝蛋白的高容量生物存储技术研究获进展，2020.8.11

的借阅、归还等事务，提高档案管理的效率。

第三，移动终端技术的应用，使得档案信息的存储更加安全。传统的档案存储容易受到物理损害，如火灾、水灾等。而通过移动终端，可以将档案信息存储在云端，有效地防止档案信息的丢失。

四、系统技术的实践应用

（一）系统技术的特性

系统技术是指通过信息系统的集成与应用，实现信息的收集、处理、存储、传输和管理。其主要特性包括：

第一，集成性。在信息化时代，各种信息技术和应用系统层出不穷，如何将这些分散的资源有效整合，实现数据的集中管理和共享，成为一个亟待解决的问题。系统技术通过其强大的集成能力，能够将多种信息技术和应用系统无缝对接，实现数据的互通互联，从而为企业和机构提供更加全面、准确的数据支持。

第二，自动化。系统技术通过自动化功能的实现，能够大大提高信息处理和管理的效率和准确性。例如在企业管理中，系统技术可以自动完成数据录入、报表生成、决策分析等工作，大大减轻了员工的负担，提高了工作效率。

第三，可扩展性。随着业务的不断发展和变化，企业和机构往往需要对信息系统进行功能扩展和系统升级。系统技术凭借其灵活的设计和强大的技术支撑，能够轻松应对这些变化，满足不断变化的需求。这种可扩展性不仅使得系统技术能够适应各种复杂的应用场景，还为其在未来发展中提供了广阔的空间。

第四，安全性。系统技术通过多种安全措施，如数据加密、权限控制、安全审计等，确保信息系统的安全可靠运行。这些安全措施不仅保护了企业和机构的核心数据，也为其业务的正常开展提供了有力保障。

（二）系统技术对档案信息化建设的影响

系统技术在档案信息化建设中的影响主要体现在以下方面：

第一，提高信息管理效率。传统的档案管理方式往往依赖于大量的人工操作，不仅效率低下，而且容易出错。而系统技术的自动化功能可以实现对档案信息的快速处理和管理，大大提高了工作效率。例如通过采用先进的扫描技术和OCR 识别技术，可以将纸质档案迅速转化为电子档案，并通过自动化分类和索引系统，实现对档案信息的快速检索和定位。此外，系统技术还可以对档案信息进行自动备份和恢复，有效防止因人为因素或设备故障导致的数据丢失。

第二，实现信息资源共享。在传统的档案管理模式下，档案信息往往分散在各个部门或单位中，形成了信息孤岛，导致信息利用率低下。而通过系统集成，可以将分散的档案信息整合到一个统一的平台上，实现信息的集中管理和共享。这样不仅可以方便用户随时随地访问档案信息，还可以促进不同部门或单位之间的信息共享和协同工作，从而提高工作效率和减少重复劳动。

第三，增强档案管理的灵活性。随着业务的发展和变化，档案管理的需求也在不断变化。传统的档案管理方式往往难以适应这种变化，而系统技术的可扩展性使得档案管理系统能够根据业务需求进行灵活调整。例如可以根据实际需要添加或删除功能模块、调整数据结构和参数设置等，以满足不同阶段的需求。这种灵活性使得档案管理系统能够更好地适应业务发展的变化，保持与时俱进。

第四，保障信息安全。在信息化建设中，信息安全问题一直是关注的焦点。系统技术通过采用多重安全措施，如加密技术、权限控制、防火墙等，确保档案信息的机密性、完整性和可用性。同时，系统技术还可以对档案信息的访问和修改进行记录和监控，防止信息泄露和篡改。这些措施有效地降低了信息泄露和丢失的风险，为档案信息的安全提供了有力保障。

（三）档案管理系统在档案信息化中的应用

在档案收集与整理方面，档案管理系统以其高效自动化的特性，极大地协助了档案管理人员的工作。通过精心设计的数据接口或数据抓取工具，系统能够自动从各业务部门或系统中提取档案数据，并进行初步的数据清洗和整理工作。此外，系统还支持档案数据的批量导入和导出功能，显著提升档案录入与迁移的效率。

在档案存储与备份环节，档案管理系统提供了多样化的存储方案，包括本地存储和云存储等，以满足不同规模档案数据的存储需求。系统运用了先进的分布式存储和容错技术，确保档案数据具备高可用性和强大的容错能力。同时，系统还具备自动备份和恢复功能，有效应对可能发生的数据丢失或损坏风险，保障档案数据的完整性和安全性。

在档案检索与利用方面，档案管理系统支持全文检索、关键词检索等多种检索方式，为用户快速查找所需档案信息提供了极大的便利。系统还支持多种格式的档案数据预览和下载功能，使用户能够随时随地便捷地访问和利用档案数据。此外，系统通过权限管理功能，确保了档案数据的安全性和访问合规性，避免了数据的非法访问和泄漏。

在档案统计分析方面，档案管理系统能够自动对档案数据进行深入的统计分析，为档案管理和决策提供有力的数据支持。系统提供了丰富多样的统计报表和图表展示方式，使用户能够直观地了解档案数据的分布情况和变化趋势。同时，系统还支持自定义统计指标和报表模板功能，满足了用户个性化的统计需求，提升决策的科学性和准确性。

在档案共享与交流方面，档案管理系统充分发挥了其共享和协作的优势。通过特定的数据接口或数据共享平台，系统实现了档案数据的实时同步和共享，促进了不同部门或机构之间的档案数据交流和协作。此外，系统还提供了在线交流和协作功能，为用户提供了更加便捷的交流平台，促进了档案数据的有效利用和价值的最大化。

（四）档案检索系统在档案信息化中的应用

在档案信息化建设的过程中，档案检索系统起着至关重要的作用。通过档案检索系统，用户可以快速、准确地找到所需的档案信息，提高了档案管理的工作效率。档案检索系统在档案信息化中的应用主要包括以下方面：

第一，档案检索系统可以实现对档案信息的高效管理。通过档案检索系统，档案管理人员可以对档案信息进行分类、整理、存储，使得档案信息的管理更加有序、规范。同时，档案检索系统还可以实现档案信息的共享，使得各个部门和单位可以方便地获取和使用档案信息，提高档案信息使用效率。

第二，档案检索系统可以提高档案检索的准确性。传统的档案检索方式往往需要人工查找，容易受到主观因素的影响，导致检索结果的准确性不高。而档案检索系统可以通过计算机算法和人工智能技术，对档案信息进行精确匹配，提高检索结果的准确性。

第三，档案检索系统可以实现对档案信息的实时更新。在档案信息化建设的过程中，档案信息会不断地进行更新和修改。通过档案检索系统，可以实时地获取档案信息的更新情况，使得档案检索的结果始终是最新的。

第四，档案检索系统可以实现档案信息的自动化。在档案信息化建设的过程中，档案检索系统可以自动完成档案信息的录入、存储、检索等工作，减轻了档案管理人员的劳动强度，提高档案管理的工作效率。

五、数据库技术的实践应用

（一）数据库技术的特性

数据库技术是指通过数据库管理系统对数据进行存储、管理和检索的技术。其主要特性包括：

第一，结构化存储。数据库技术能够对数据进行结构化存储，便于数据的管理和检索。

第二，高效的数据处理。数据库技术提供高效的数据处理和查询能力，能够快速处理大量数据。

第三，数据的完整性和一致性。通过事务管理、约束条件等机制，数据库技术能够保证数据的完整性和一致性。

第四，数据的可扩展性。数据库技术具有良好的可扩展性，能够应对数据量的增长和业务需求的变化。

（二）数据库技术对档案信息化建设的影响

数据库技术在档案信息化建设中的影响主要体现在以下方面：

第一，数据库技术以其结构化存储和高效的数据处理能力，显著提高了档案管理效率。传统的手工档案管理方式往往存在查找困难、整理烦琐等问题，而数据库技术则能够将档案信息以结构化的形式存储，并通过高效的查询算法，使得管理人员能够迅速定位到所需信息，大大提高了工作效率。

第二，数据库技术为档案信息的快速检索提供了有力支持。通过查询优化技术，数据库系统能够根据用户的查询需求，快速检索到相关的档案信息，并以清晰、直观的方式呈现出来。这不仅满足了用户的查阅需求，也为档案信息的利用提供了极大的便利。

第三，数据库技术还以其强大的可扩展性，有效应对了档案信息数据量的不断增长。随着档案信息化建设的深入推进，档案信息的数据量也在不断增加。数据库技术通过优化存储结构、提高数据处理能力等方式，确保系统能够稳定、高效地处理大量数据，从而保障了档案信息化建设的顺利进行。

（三）数据库技术推动档案信息化建设的优化策略

为了充分发挥数据库技术在档案信息化建设中的作用，应采取以下优化策略：

第一，优化数据库设计。根据档案信息的特点，设计合理的数据库结构，确保数据的高效存储和检索。

第二，提升数据处理效率。通过索引、分区、并行处理等技术，优化数据库的查询性能，提高数据处理效率。

第三，加强数据完整性和一致性管理。利用事务管理、约束条件等机制，保障档案信息的数据完整性和一致性，避免数据丢失和错误。

第四，扩展数据库的存储和处理能力。通过分布式数据库、云数据库等技术，扩展数据库的存储和处理能力，满足数据量增长和业务需求变化。

●●▶ 第三节　数字新技术的实践应用

一、互联网技术的实践应用

互联网技术在档案信息化建设中扮演着桥梁的角色，它通过提供网络平台，使得档案信息能够实现远程访问、共享和交换。互联网技术使得档案信息不再受到地域限制，用户可以通过网络在任何地点任何时间访问和利用档案信息。此外，互联网技术还支持档案数据的分布式存储和处理，提高档案信息管理的效率和安全性。

（一）互联网技术对档案信息化建设的影响

互联网技术具有多种特性，其中包括联结性、开放性和可扩展性。联结性使得互联网成为一个全球性的网络，将人们从各个角落连接在一起，实现信息的快速传递和交流。开放性使得互联网成为一个平等、自由的平台，任何人都可以表达自己的观点和意见，促进信息的快速发展和创新。可扩展性则意味着互联网能够适应不断增长的需求，通过分层的架构，实现对各种功能和服务的分离，以应对不断扩大的规模和需求。互联网技术对档案信息化建设产生深远的影响。

传统档案管理在实时化和动态化等方面已经不能适应当前形势发展需求，推进档案管理变革已是刻不容缓。应用互联网技术，能够提升档案管理效率，顺应时代发展需求，满足人们数据应用需求。应用互联网技术，档案管理工作人员可以利用互联网技术，将纸质档案向电子档案转换，而计算机强大的管理功能，能够简化工作流程，减少工作步骤，减轻工作量，从而有效提高档案管理工作效率，并且在档案信息的完整性、准确性和安全性上都有所增强。

互联网技术融入档案管理工作，提高了档案管理质量和水平。在互联网时代，人们对档案数据需求趋于个性化和多样化，档案信息服务也必须不断进行创新，根据用户需求对档案进行整合处理，加强信息共享，将档案信息化的协同性和灵活性充分体现出来，提高用户满意度。

（二）推进档案信息化建设的对策建议

为了充分发挥互联网技术在档案信息化建设中的积极作用，采取一系列对策和建议。首先，加强档案信息化基础设施建设。这包括建设高速稳定的网络环境、完善档案信息数据库、优化档案信息服务平台等。通过加强基础设施建设，可以为档案信息化建设提供坚实的技术支撑和保障。其次，提高档案信息化管理水平。这包括加强档案管理人员的培训和教育、制定科学的档案管理制度和规范、建立完善的档案信息安全保障体系等。通过提高档案管理水平，可以确保档案信息的准确性和完整性，并有效应对各种安全风险和挑战。最后，加强档案信息资源的整合和共享。这包括构建统一的档案信息平台和共享机制、推动档案信息的跨部门和跨领域共享、促进档案信息资源的综合利用和协同发展等。通过加强信息资源整合和共享，可以充分发挥档案信息在各个领域的作用和价值，为经济社会发展提供有力的信息支撑和服务保障。

在具体实施过程中，结合实际情况和具体需求，可采取以下具体措施：一是加强互联网技术的研发和应用。通过不断研发新的互联网技术和应用模式，可以推动档案信息化建设的不断发展和创新。二是加强档案信息的标准化和规范化建设。通过制定统一的档案信息标准和规范，可以确保档案信息的准确性和一致性，并提高档案信息的共享和利用效率。三是加强档案信息安全保障体系建设。通过采用先进的加密技术和安全防护措施，可以确保档案信息在传输和存储过程中的安全性和完整性，防止信息泄露和非法访问。同时，还需要加强网络安全教育和培训，提高用户的安全意识和防范能力。

总之，互联网技术在档案信息化建设中的应用具有重要的意义和价值。要充分发挥互联网技术的优势和作用，推动档案信息化建设的不断发展和创新。同时，也需要关注互联网技术应用带来的挑战和问题，并采取有效的措施加以解决和应对。

二、物联网技术的实践应用

物联网技术通过传感器、RFID① 等设备，实现了档案实体的智能化管理。物联网技术可以对档案库房的温湿度、空气质量等环境参数进行实时监控，并根据预设值自动调节，以保证档案的保存条件。同时，物联网技术还可以实现档案的实时跟踪和定位，提高档案管理的精确度和响应速度。物联网技术具有高速扫描、实时盘点、在线监测、定位追踪等诸多优点。将物联网技术应用到档案管理

---

① RFID 技术，全称为 Radio Frequency Identification，即射频识别技术，是一种非接触式的自动识别技术。它通过射频信号自动识别目标对象并获取相关数据，识别工作无须人工干预，可工作于各种恶劣环境。RFID 技术可以识别高速运动物体并可同时识别多个标签，操作快捷方便。

工作中，可实现简化流程、数据共享，智能管理，从而全面提升档案业务的整体管理水平。物联网技术在档案信息化建设中的应用如下：

（一）在库房环境监控方面的应用

第一，库房空气自动净化设备。因档案在流转和存储过程中表面附着各种霉菌和病毒，为解决库房档案杀菌和防尘问题，基于物联网空气净化系统，通过负离子等空气净化设备对库房空气进行过滤和消毒，不仅实时监控库房空气质量，还可远程控测库房净化器和加湿联动温控系统，全面提升档案的保存条件。

第二，库房温湿度监控。在大型档案馆中，档案处于多个库房中保存，需要实时对各个库房的温湿度变化进行监控。传统的人工逐个库房巡测方式不仅效率低下，而且不能及时对异常事件进行有效处理。采用物联网环境温湿度监测系统，不仅实现了实时远程自动化监控库房温湿度，而且对温湿度高低线自动报警并提示隐患区域，从而实现集中一体化的温湿度精细化管理。该系统稳定性好，功能强大，无须布线，通过无线方式组网，在库房安装温湿度无线传感器后，传感器会定时向终端协调器发送库房的温湿度信息，终端协调器将监测到的数据信息传输到显示终端，既可通过显示终端管理软件系统查看各个监控点的温湿度信息，还可生成温湿度曲线图和统计数据，在控制室进行统一监管，不仅降低了库房的运营成本，而且实现了温湿度自动调控和监测。

（二）智能防盗监控报警系统

第一，档案异常移位和出库报警系统。当系统接收到正常移位和出库指令时，射频器读取到的档案信息与数据库中的信息确认无误后，方可进行档案移位和出库。若未接到移位和出库指令，档案柜中的射频器监控的档案出现异常移动时，监控系统会立即启动警报系统，向管理人员发出报警提醒。

第二，档案库房设置门禁监控报警系统。可采用 RFID 指纹识别门禁、卡门禁和面部识别门禁等多种门禁监控方式。门禁监控通过对持卡人实行卡管理授权，指定不同持卡人允许进入不同区域，管理者可实时查询进出门资料中的具体信息，如卡编号、持卡人姓名、所属部门、进出门时间等，从而实现非法物品出库报警、人员滞留报警和档案进出记录统计等多种功能。

第三，库房自动防盗报警系统。将防盗探测器安装于库房门处，采用红外线与微波探测技术，对出入人员和档案信息进行检测，当感应到异常信息时，立即将报警信息传送到防盗报警控制中心处理。

第四，库房动态视频监控系统。通过安装远程视频监控，可实时查看库房各区域的情况，对库房内部和公共通道区域进行全方位防护，从而全面实现库房的高标准管理。

（三）档案智能入库与编目

第一，档案智能入库。首先在实物档案入库时通过电子标签的读写设备将文件名称、档案编号等基本信息写入 RFID 标签芯片中，电子标签通常置于档案盒表面，可根据具体业务要求，在标签表面印制档案编号、类别、名称、密级等信息。然后档案储位管理系统读取入库档案盒上 RFID 电子标签中的档案信息后，系统会自动给档案分配盒编号和位置编号，待管理人员将档案放在指定位置后，档案架上阅读器将读取到的档案信息传送到数据库储存，从而实现档案智能化入库。

第二，档案智能化编目。传统的档案编目工作不仅重复烦琐，而且整理时间长。在对档案进行整理、排序和装订等工序后，人工抄写档案目录后录入电脑中，打印出档案目录，然后将目录和档案一起装盒。人工编目费时费力，许多档案因无法及时归档，大量堆积。RFID 技术可实现不接触无障碍数据采集，在无须打开档案盒的情况下，RFID 读写器可从多个标签中快速读取盒内档案的具体名称、数量、档案摘要等信息，精减了人工录入流程，从而极大地提高了编目效率。

（四）智能化档案借阅和归还管理

现阶段档案管理仍以人工查找借阅档案为主，缺乏自主识别技术的应用，虽然档案管理已逐步向电子化管理转变，但实体档案管理仍是至关重要的环节。通过物联网智能信息技术进行档案管理，可提高档案的整体管理水平，简化了传统繁杂的纸质化业务流程。

　　将载有档案信息的标签粘贴于档案盒内侧，在档案放置于档案密集架上时，工作人员通过手持机扫描密集架的架层标签，然后将上架档案标签与架层标签进行信息关联，即可实现档案的全自动化管理。在借阅登记档案时，借阅人出示证件和借阅小票，工作人员将借阅申请记录提交档案馆系统审批，审批通过后即可查询。系统会根据录入的档案信息快速查找到档案的详细信息，LED 定位指示灯会显示档案存放档案架的列、层、节等信息，根据灯光提示工作人员可快速提取到档案资料。在归还档案时，对 RFID 电子标签扫描后，系统即可获取归还档案的相关信息并自动登记归还时间，RFID 移动终端系统会确认档案是否已归还到指定位置，系统对超时未归还的档案会自动进行报警提醒。通过档案的 RFID 电子标签和移动终端系统，不仅全面提升了档案借阅管理的自动化水平，而且简化了借阅管理的繁杂流程，实现档案借阅管理的便民化。

三、大数据技术的实践应用

（一）大数据技术的特性

　　大数据技术具有四个主要特性：数据量大、数据类型多样、数据处理速度快和数据价值高。"如今，大数据的价值已被大众所认可，大数据技术正在逐步走进各行各业中。"[①] 首先，大数据技术能够处理海量的数据，这对于档案管理中的历史数据、实时数据和未来数据的集成管理具有重要意义。其次，大数据技术能够处理结构化、半结构化和非结构化数据，这使得档案管理系统能够适应不同格式和来源的数据。再次，大数据技术能够快速处理和分析数据，这对于实时档案管理和决策支持至关重要。最后，大数据技术能够从海量数据中挖掘有价值的信息，提升档案利用的效率和效果。

（二）大数据技术对档案信息化建设的影响

　　第一，大数据技术的应用大幅提高了档案数据处理和分析的效率。传统的档

---

① 　管博. 应用大数据技术开展企业档案编研工作 [J]. 现代企业，2022（09）：62.

案管理方式往往依赖于人工操作，效率低下且容易出错。而大数据技术通过自动化、智能化的数据处理和分析，能够快速、准确地完成大量档案信息的录入、整理、分类和查询等工作。这不仅提高了档案管理的效率，还降低了人为错误的风险，使得档案管理从传统的静态管理转向动态管理。

第二，大数据技术促进了档案管理的智能化。通过数据挖掘和分析，大数据技术能够发现档案利用中的潜在规律和趋势，为档案管理提供有力的数据支持。例如通过对档案借阅记录的分析，可以了解用户的借阅偏好和需求，从而优化档案资源的配置和布局。此外，大数据技术还可以对档案内容进行深度挖掘，提取出有价值的信息和知识，为学术研究、政策制定等领域提供有力的支持。

第三，大数据技术还提升档案信息的共享和利用价值。传统的档案管理方式往往存在信息孤岛现象，不同部门、不同区域之间的档案信息难以实现有效共享。而大数据技术通过跨部门、跨区域的数据整合和共享，打破信息壁垒，实现档案资源的高效共享和协同管理。这不仅提高了档案信息的利用率，还促进了不同领域之间的合作与交流，推动了社会文明的进步和发展。

（三）大数据技术推动档案信息化建设的优化策略

第一，加强档案数据的标准化建设。标准化是档案数据整合和共享的基础，为实现不同来源数据的兼容和互操作，应制定统一的数据标准，包括数据格式、数据内容、数据编码等。建立数据更新和维护的规范，确保数据的时效性和准确性。

第二，建立高效的大数据处理和分析平台。大数据处理和分析平台是档案信息化建设的核心，通过构建分布式存储、计算能力强大的平台，实现对海量档案数据的快速处理和分析。此外，采用智能算法和数据挖掘技术，挖掘档案数据中的有价值信息，为决策提供支持。

第三，加强数据安全和隐私保护。在档案数据采集、存储、传输和使用过程中，要充分考虑数据安全和隐私保护问题。采用加密、访问控制、安全审计等技术手段，确保数据的安全性和隐私性。同时，制定相应的安全政策和法规，规范档案数据的管理和使用。

第四，培养专业的大数据人才。大数据人才是档案信息化建设关键，加强与其他高校和科研机构合作，培养具有档案学和大数据技术背景的复合型人才。同时，组织培训和研讨活动，提高档案管理人员的数据素养和技术水平。

四、人工智能技术的实践应用

（一）人工智能技术的特性

人工智能技术，作为当今科技领域的璀璨明珠，以其独特的特性和广泛的应用领域，正在深刻地改变着我们的生活和工作方式。其中，自主学习、智能决策和自然语言处理是人工智能技术最为显著的三大特性。

第一，自主学习是人工智能技术的一大核心特性。这一特性使得人工智能系统能够从海量的数据中汲取营养，不断地学习和进化。与传统的编程方式相比，自主学习使得人工智能系统不再仅仅依赖于固定的程序和规则，而是能够根据数据的变化和环境的差异，自动调整和优化自身的算法和模型。这种能力使得人工智能系统能够应对更加复杂和多变的任务，不断提升自身的性能和准确性。

第二，智能决策也是人工智能技术的重要特性之一。在复杂多变的环境中，人工智能系统能够依靠其强大的计算能力和数据分析能力，快速而准确地做出决策。这种决策能力不仅体现在对数据的分析和处理上，还体现在对未知情况的预测和应对上。通过不断地学习和优化，人工智能系统能够逐渐积累经验和知识，提高自身的决策水平和准确性。

第三，自然语言处理是人工智能技术又一不可或缺的特性。它使得人工智能系统能够理解和生成人类语言，从而实现了更加自然和高效的人机交互。通过自然语言处理，人工智能系统能够识别和理解人类的语言输入，包括文字、语音等多种形式，并根据用户的需求提供相应的回应和解决方案。这种交互方式不仅提高了用户体验和满意度，也降低了沟通成本和时间成本。

（二）人工智能技术对档案信息化建设的影响

人工智能技术在档案信息化建设中的应用，无疑是档案管理发展的重要趋势。在当前的信息化、数字化时代，档案管理已经从传统的纸质档案管理转变为数字化、网络化、智能化的管理模式。而人工智能技术的引入，无疑为档案管理提供了全新的可能性和发展空间。

第一，人工智能技术能够实现档案信息的智能提取和整理。自然语言处理技术可以有效地将海量的文本信息转化为结构化数据，使得档案信息的管理和利用更加高效。同时，图像识别技术可以自动识别图像中的文字和特征，使得纸质档案的数字化过程更加高效。数据分析和挖掘技术可以从大量的档案数据中发现潜在的关联、模式和趋势，为决策者提供更为丰富的信息支持。

第二，人工智能技术可以进行智能审核、核验和预测，提升档案管理的精确性和效率。例如通过人工智能技术进行档案的智能审核，可以有效地避免人工审核中的错误和疏漏，提高审核的准确性和效率。同时，通过人工智能技术进行档案的智能核验，可以及时发现和纠正档案管理中的错误，保证档案的准确性。此外，通过人工智能技术进行档案的智能预测，可以预测档案管理中可能出现的问题和风险，提前进行预防和处理。

第三，人工智能技术可以实现档案管理的自动化。通过人工智能技术，可以实现档案管理的自动化，如自动录入、自动分类、自动检索等，提高档案管理的效率。同时，人工智能技术还可以实现档案管理的智能化，如智能分析、智能预警等，使得档案管理更加智能化。

第四，人工智能技术可以有效地减少人力资源与管理成本。通过人工智能技术的应用，可以实现档案管理的自动化和智能化，减少了人工操作，降低人力资源和管理成本。

（三）人工智能技术推动档案信息化建设的传播策略

具身传播是将具身性引入传播学研究而产生的传播类型，从属于传播与身体研究。具身认知本质内涵是指人的认知对身体的依赖性，强调身体在认知过程中的重要地位。具身传播具有以下特点：传播主体去中心化、传播内容可意会性、身体在场的传播形式和高度互动的传播过程。作为一种传播模式，具身传播强调身体在信息传递和接收过程中的重要性，涵盖了身体语言、感觉、直觉和情感等非言语元素。它认为传播不仅仅是信息的简单传递，还包括参与者的身体经验和与环境的互动。在这个过程中，AI（人工智能）技术可以发挥广泛的应用，解决其中的关键问题。

1. AI 在档案信息传播中的发展机遇

（1）AI 实现具身传播的交互叙事。传统的档案信息传播多采用单向叙事模式，而在具身传播中，这种模式被颠覆。AI 技术，尤其是智能语音、自然语言理解和生成式 AI，使得档案信息的叙事传播变得更为生动和互动。例如 AI 可以通过 AR、VR 和混合现实技术，创建沉浸式的档案信息体验，从而有效地激发受众的兴趣。此外，AI 还能分析受众的行为数据，实现个性化的内容推荐，为受众提供更为定制化的体验。

（2）AI 用于提升第一人称视角体验。具身传播强调第一人称视角的体验，AI 技术能够根据受众的特定兴趣、行为和偏好来定制内容和体验。意图识别和个性化内容推荐是实现这一目标的关键技术。通过理解用户的意图，以及分析其行为数据，AI 能够预测和推荐最符合受众需求的内容。

（3）AI 情感对话跨越时空边界。为了实现档案跨越时空的体验，需要利用 AI 技术在情感对话方面的优势。AI 能够通过算法分析更好地捕捉和表达情感元素，从而加强受众与档案内容的情感联系。例如故宫推出的朱棣建造紫禁城的 VR4D 沉浸式体验项目，就充分利用 AI 技术和 VR、AR 技术，给游客带来深刻的文化体验。

（4）AI 的应用有效增强受众认知。具身传播有助于在受众与档案信息资源之间搭建理解、互动的桥梁，AI 技术的应用不仅能够提供多模态的内容生成，提升受众的沉浸式体验感，还可以通过各类的互动形式，增强受众对档案内容的理解和认识。

（5）AI 的应用实现传播模式的创新。在具身传播视角下，AI 技术的应用使得传播不再仅仅是信息的简单传递，而是构建了一个交互叙事空间。同时，通过个性化分析算法，可以优化受众在以第一人称视角接受档案信息时的体验。这种新的传播模式强调身体在信息传递和接收过程中的重要性，将传统的语言、符号传播与身体经验、感官感知和情境交互相结合，为档案信息传播提供一种更加丰富和深入的交流方式。

2. AI 用于档案信息传播的实践策略

（1）树立档案传播风险意识，加强相关部门监管制度。AI 技术助力具身传播构建多维立体的传播业态，为档案信息的传播注入了强劲动力。健全的监管制度是推动档案传播工作的重要保证，各级档案部门需要明确在档案工作监管活动中的主导地位，切实保障信息的安全性和真实性，在法律框架下建立监督和惩罚制度。对档案信息传播活动实施全过程监督，建立健全档案信息传播监督体系有助于营造良好的传播环境。因此，政府必须承担起相应的责任，通过完善制度建设弥补碎片化与制约能力不足的缺陷，强化制度控制功能，发挥更加显著的监管作用。

（2）健全档案资源利用制度，扩充档案资源报道主题。档案资源是档案信息传播的最根本的基础，档案资源的开发与利用始终是档案工作的重中之重。《"十四五"全国档案事业发展规划》就明确提出"十四五"期间要把加强档案资源建设列为重点工作。但目前档案资源开放水平不高的问题导致档案信息传播陷入"无米之炊"的窘境，只有不断加大档案收集的力度、挖掘档案资源的价值，努力把"死档案"转变为受众可感知、可触摸到的"活信息"，才能将档案的内在价值更加生动形象地传递给受众，最大限度地满足受众对档案资源的利用需求。

现代技术的进步推动档案传播媒介的变化和发展，而数字人文时代的档案传播可利用 AI 技术，将档案资源转化成图像展示出来，并通过虚拟现实技术和增强现实技术，让受众通过视、听、触、嗅等感官媒介直接感受虚拟情境中的事物，使他们有身临其境之感。充分利用 AI 技术对档案宣传和服务工作进行优化和完善，可以使档案文化得到更好的传播、提高档案部门的传播能力，同时在一定程度上扩大档案工作的社会影响力。

正确运用包括 AI 在内的现代信息技术，充分挖掘现有档案数据价值，将有助于提升档案信息传播工作的效率与质量。AI 是现代信息技术的主要技术之一，通过 AI 在内的一系列数字化技术实现具身传播的应用，可以有效地为档案传播提供技术保障、扩充档案主题内容。例如 2023 年 3 月 1 日，字节跳动公益平台联合中国第一历史档案馆、敦煌研究院等机构，共同推出首部 VR 交互式沉浸体验游戏 "古籍寻游记"，借助 6DoF 交互技术①将复活的古籍变得栩栩如生，受众在游戏中可以与历史人物面对面交流，在 VR 世界里触摸古老文明，沉浸式体验文物背后的故事。

（3）发挥 AI 技术正向优势，激活档案社会记忆活力。AI 技术的不断突破给具身技术媒介带来多感官通道、高度情境性等诸多优势。在 AI 技术助力档案信息实现具身传播工作的过程中，档案部门的主导地位将被不断弱化，而其作为咨询和指导组织的社会作用会越来越强。现今，档案部门缺乏既具备档案专业背景又掌握数字信息技术的复合型人才，导致当下档案信息传播的技术应用水平一直不高，档案社会记忆活力也没有被完全激活，进而影响档案信息内容的质量以及传播的效果。

随着信息技术的快速发展，档案管理工作也在不断引入新的技术和工具，这些新事物促使档案管理效率大幅度提升。此时档案工作者的职责亦在动态创新变革之中，档案工作者不仅自己需要及时学习和掌握新的技术和工具，同时也需要为受众提供相关技术指导和专业技术服务。对于档案工作者而言，基于智能语音、图像的智能交互、AIGC（生成式人工智能）、个性化分析、情感分析技术等 AI 技术应当是辅助档案编研、传播工作的工具，因此不断提高自身对现代信息技术的掌控能力将是一个必然趋势。为了实现 AI 技术助力档案传播工作，档案部门应在充分发挥本地区特色的基础上进行资源共享，实现各专业领域之间的知识融合补充；利用统一元数据标准对文本、图像、视频、空间等多层次、多模态的档案信息资源进行结构化描述，与大数据技术相结合，形成档案编研成果，如大事记、档案专题资料库等。

在具体实践中，这意味着档案部门需开展以下六个方面的工作：

第一，加强人才培训。组织专门的培训项目，针对档案工作人员在 AI 技术

---

① 6DoF 交互技术，即六自由度交互技术（Six Degrees of Freedom Interaction Technology），是一种允许用户在三维空间中自由移动和旋转的技术。它包括三个平移自由度（前后、左右、上下）和三个旋转自由度（滚动、俯仰、偏航）。这种技术广泛应用于虚拟现实（VR）、增强现实（AR）和混合现实（MR）等领域，使得用户能够以更加自然和直观的方式与虚拟环境进行交互。

应用方面的需求，提供包括基础操作、数据分析、内容创新等方面的教育和训练。

第二，推动技术升级。投资于最新的 AI 技术和设备，例如自然语言处理（NLP）、机器学习、云计算等，以增强档案的处理、存储和传播能力。

第三，优化资源管理。利用 AI 技术对档案宝藏进行智能分类和索引，提高检索效率并拓展档案资源的使用范围。

第四，创新服务模式。结合 AI 技术开发互动式的展览和教育程序，使公众能更直观地理解档案内容，并参与到档案的保护和传播中来。

第五，强化合作交流。与其他档案馆、博物馆、学术机构建立合作关系，共享 AI 资源和经验，共同推进档案信息的传播和社会教育功能。

第六，评估和反馈。定期评估 AI 技术在档案工作中的实际应用效果，收集用户反馈，不断调整策略以适应新的发展需求。

五、云计算技术的实践应用

（一）云计算技术对档案信息化建设的影响

"近年来，云计算技术也极大地推动了档案信息化的发展，云计算技术以自身的便捷性、通用性、可靠性等特点，不仅提高了档案的安全性，还降低了纸质档案管理所需的成本。"[①] 云计算技术的应用对档案信息化建设产生了深远的影响。首先，云计算技术提升档案数据的存储和管理能力，使得海量档案数据的存储、备份和恢复变得更加高效和可靠。其次，云计算技术促进了档案管理的协同和共享，通过云平台，不同部门和区域的档案数据可以实现无缝共享和协同管理。最后，云计算技术还提升档案管理的灵活性和扩展性，使得档案管理系统能够根据实际需求灵活调整资源配置和管理策略。

---

① 盖厦，刘晓卫，樊冰. 云计算技术对档案信息化的影响和启示 [J]. 办公室业务，2016（23）：191.

（二）云计算技术推动档案信息化建设的优化策略

第一，加强云计算平台的建设和管理。构建稳定、安全、高效的云计算平台，为档案信息化建设提供有力支撑。同时，制定云计算平台的运维管理规范，确保平台的可靠性和可持续发展。

第二，推进档案管理系统向云平台的迁移。将传统的档案管理系统迁移到云平台，实现档案管理的协同和共享。这有助于降低档案管理成本，提高档案管理的效率和水平。

第三，加强云计算技术在档案管理中的应用培训。提高档案管理人员的技术水平和应用能力，使他们能够熟练运用云计算技术开展档案管理工作。

第四，建立和完善云计算技术在档案管理中的应用标准和规范。通过制定统一的应用标准和规范，确保云计算技术在档案管理中的科学合理运用。同时，要不断更新和完善标准，以适应云计算技术的发展。

六、区块链技术的实践应用

（一）区块链技术的特性

区块链技术的主要特性包括去中心化、不可篡改和可追溯性。去中心化使得区块链系统能够在没有中央控制机构的情况下运行，提升系统的安全性和可靠性。不可篡改性则保障了数据的完整性和可信性，防止数据被篡改和伪造。可追溯性使得每一笔数据的变更都可以被追踪和验证，提升数据的透明度和可审计性。

（二）区块链技术对档案信息化建设的影响

区块链技术在档案信息化建设中具有重要应用价值。首先，区块链技术提升档案数据的安全性和可信性，通过去中心化和不可篡改的特性，保障了档案数据的完整性和真实性。其次，区块链技术提升档案管理的透明度和可追溯性，使得每一笔档案数据的变更都可以被追踪和验证，提高档案管理的透明度和审计性。

此外，区块链技术还提升档案管理的协同和共享，通过区块链网络，不同部门和区域的档案数据可以实现高效共享和协同管理。

（三）区块链技术推动档案信息化建设的优化策略

第一，加强区块链技术在档案管理中的应用研究。要充分发挥区块链技术在档案管理中的作用，首先需要加强对其在档案管理领域应用的研究。这包括对区块链技术本身的深入研究，以及对其在不同档案管理场景下的应用模式、效果和潜在问题的探索。其次，通过理论研究与实践相结合的方式，可以更好地理解区块链技术的特性，探索其在档案管理中的适用性和优化路径。最后，还应关注区块链技术与其他信息技术（如云计算、大数据、人工智能等）的融合应用，以实现档案管理的智能化和自动化。

第二，建立和完善区块链技术在档案管理中的应用标准和规范。为了确保区块链技术在档案管理中的应用能够有序进行，需要建立一套完善的应用标准和规范。这些标准和规范应涵盖区块链技术的选择、部署、维护以及数据格式、存储方式、访问权限等方面，确保档案数据的安全性、可靠性和完整性。同时，还应考虑到区块链技术的法律法规问题，制定相应的政策和指南，以指导档案管理机构合理利用区块链技术，防范潜在的法律风险。

第三，加强区块链技术在档案管理中的实践应用。理论与研究的成果最终需要在实践中得到验证和应用。因此，档案管理机构应积极探索区块链技术在档案管理中的具体应用场景，如电子文件的存证、档案的溯源追踪、档案利用的权限管理等。通过实践应用，可以积累经验，发现问题，进而不断优化区块链技术在档案管理中的应用方案。同时，还应鼓励和支持档案管理机构之间的合作与交流，共享区块链技术应用的经验和技术成果，推动整个行业的技术进步。

第四，加强区块链技术在档案管理中的应用培训。人才是技术应用的关键。为了确保区块链技术能够在档案管理中得到有效的应用，需要加强对档案管理人员的培训。这包括对区块链技术基础知识的培训，以及对区块链在档案管理中应用技能的培训。通过培训，可以提高档案管理人员对区块链技术的认识和理解，增强他们运用区块链技术解决实际问题的能力。同时，还应鼓励档案管理人员参与到区块链技术的研究和实践中，培养一批既懂档案管理又懂区块链技术的复合型人才。

七、融媒体技术的实践应用

（一）融媒体技术的特性

融媒体技术是指将传统媒体与新兴媒体有机结合，通过多种媒介形式和技术手段实现信息的传播和交互。其主要特性包括：

第一，多元化传播渠道。融媒体技术通过整合文字、图像、音频、视频等多种媒介形式，实现了多元化传播渠道的构建。这一技术充分利用了互联网、移动终端、社交媒体等多种渠道，有效扩大了信息的传播范围，提高了传播效率。

第二，交互性。融媒体技术强调用户与信息的互动，通过社交平台、评论功能等方式，使用户能够参与信息的生成和传播过程。

第三，实时性。通过互联网技术，融媒体可以实现信息的实时更新和传播，使信息更加及时和动态。

第四，个性化。融媒体技术能够根据用户的兴趣和行为数据，推送个性化的内容，提高用户体验和信息传播的精准度。

（二）融媒体技术对档案信息化建设的重要意义

融媒体技术的档案信息化建设对于推动档案管理工作向数字化、智能化和开放化方向发展具有重要意义。将融媒体技术运用于档案管理可以提高档案信息的展示和传播效果，使得档案信息更加直观、生动和易于理解，加强公众对档案信息的认知和理解；引入人工智能技术可以提高档案信息的智能化处理效率，实现对档案信息的自动分类、标注、检索和推荐，提高档案信息的利用效率和价值；建立开放式档案管理平台可以促进档案信息的共享和开放，扩大社会各方面对档案信息的利用范围，提高档案信息的社会价值和影响力；实现档案价值的最大化可以挖掘和再利用档案信息，将档案信息转化为社会和经济发展的有益资源，提高档案的综合价值和意义。

（三）融媒体技术的档案信息化建设优化建议

1. 加强培训，增强管理人员的信息化管理意识

在融媒体背景下的档案信息化建设中，加强管理人员的信息化管理意识是非常重要的一环。对此，应采用如下三种方式：

（1）意识教育。通过举办信息化管理培训班、组织内部论坛和讲座等形式，向管理人员普及信息化管理的重要性和必要性，使其了解信息化建设的优势和不足，以及如何更好地应用信息技术来提高管理效率和工作质量。

（2）激励机制。通过设置信息化管理的激励机制，提高管理人员的信息化意识和积极性。例如设立信息化管理先进个人或团队，进行表彰和奖励，或者在绩效考核中加入信息化管理指标等，都可以有效地鼓励管理人员积极参与信息化建设。

（3）实践培训。通过实践培训的方式，提高管理人员的信息化应用能力。例如组织管理人员参加信息化应用案例的现场考察和学习，或者设置信息化管理工作实习岗位，让管理人员亲身体验信息化管理的实际操作，从而加深对信息化管理的认识和理解。

2. 优化技术，提高档案管理水平

在融媒体背景下，档案信息化建设水平需要进一步提升，从而适应快速发展的信息化时代，满足多样的档案管理要求。

（1）制订科学合理的规划。根据档案管理的实际情况，制订科学合理的信息化建设规划。规划要根据实际情况确定建设目标、建设任务、建设时间、建设预算等，确保信息化建设有序、高效地进行。

（2）选择合适的技术和产品。在信息化建设过程中，要根据实际需要和要求选择合适的技术和产品，包括硬件设备、软件系统、数据库管理系统等。要根据实际情况和需求选择合适的产品，确保系统的可靠性和稳定性。

（3）信息化建设需要技术人才的支持。为此，要加强人才培养和管理，提高信息化建设人员的技术水平和专业能力，确保信息化建设的顺利进行。

（4）加强项目管理。包括进度管理、质量管理、风险管理、成本管理等。要

充分利用项目管理工具和方法，确保信息化建设的顺利进行。在信息化建设完成后，要加强用户培训和支持，确保系统的顺利使用和运行。要为用户提供充足的支持和帮助，确保系统的高效和稳定运行。

3. 完善制度，提高档案管理规范程度

在融媒体背景下开展档案信息化建设过程中，完善规章制度是提高档案规范管理水平的关键步骤。具体方法包括：建立和完善相关的法律法规，确保档案信息化建设符合相关法律法规要求；制定档案管理制度和规范，明确各级档案管理部门的职责和权限，确保档案信息化建设顺利推进；加强档案管理规范培训，使管理人员和工作人员熟悉相关规章制度和标准，掌握规范化的档案管理操作流程；加强档案的数字化保管、检索和利用，通过建立档案数字化管理平台，规范管理各类档案信息的采集、存储和利用，提高档案的管理效率和利用价值；建立档案质量管理体系，通过制定和实施档案质量检查和评估标准，确保档案信息的准确性、完整性和可信度。

第四节 安全技术的实践应用

一、信息安全技术的实践应用

（一）档案信息安全的内涵

档案信息安全是旨在保护档案内容、载体、存储介质、系统和网络可靠性的制度安排和技术解决方案。档案信息安全属于复合范畴，从信息安全的作用层面，将档案信息安全划分为物理安全、系统安全、数据安全和信息内容安全四层。

（1）物理安全也叫实体安全，实体安全包括档案工作环境、档案工作设备和档案记录介质在内的所有参与档案信息系统的硬件设备的安全。在数字化转型的背景下，档案信息都是借助网络以一定的方式运行在一些物理设备之上的，因此保障物理设备的安全，是保障档案信息安全的重要防线。其次，所有的物理设备都存在于物理环境之中，环境安全是物理安全的最基本保障，是整个安全系统不可缺少和忽视的组成部分。

（2）档案系统安全指的是档案工作物理设备与网络设备在运行过程中能够保持持续稳定性运行状态，主要包括操作系统安全、网络安全两个方面。在数字化转型的背景下，围绕计算机而产生的信息技术，促进社会进入信息时代，这一方面给社会生活带来极大的便利，另一方面使得信息资源的价值倍增，导致信息失窃、贩卖屡禁不止，网络犯罪行为层出不穷。

（3）档案数据安全是指在数据处理、存储、检索、传输、显示等过程中，不被非法冒充、窃取、篡改等。在数字化转型的背景下，数据在存储、传输、管理和提供服务过程中面临诸多安全风险。一旦与计算平台连接中断出现故障造成服务中断，都将影响档案的正常访问，可能导致档案在存储和传输过程中出现数据缺失、紊乱等问题，进而影响到档案信息的可靠性、可用性。

（4）档案信息内容安全包括两部分，一是保持信息内容本身的真实完整性；二是在档案信息传递的过程中，始终处于可用可读的状态。数字化转型对档案形式、内容、传输方式和保管方式等进行了全方位的变革，档案数字化转型的目的是更便捷地提供档案服务，让档案能够更充分地被利用，在这一过程中，确保档案的真实、完整、可用、可读是让档案信息能够发挥其价值，得到充分利用的重要前提。

（二）信息安全技术的种类

1. 确认技术

对于纸质文件，以往用书面签署或签印的形式将责任者名或责任者特征（如指纹）固化到文件载体上，借助纸质文件载体与内容的不可分离性来证明文件内容的原始性和真实性，使文件具备法律效用。这种方法显然不适于不具有恒定载体的电子文件。对于虚拟流动的电子文件，信息确认技术起到了相当于签署纸质文件的作用。

信息确认技术是通过一定的技术手段防止文件的内容被非法伪造、篡改和假冒，同时用来确认文件的发出、接收过程及利用者身份和权限的合法性。完善的信息确认方案应能实现以下四个目标：①合法的文件接收者能够验证其收到的档案文件是否真实；②发文者无法抵赖自己发出了所发的文件；③合法发文者以外的人无法伪造文件；④发生争执时，具有仲裁的依据。实现上述目标需要综合采用多种技术手段，目前，常用的有数字摘要技术、数字签名技术和数字水印技术。

（1）数字摘要技术。文件的发送者采用某种特定算法（摘要函数算法）对发文进行运算，获得相应的摘要（验证码）。摘要具有这样的性质：如果改变发送文件的内容，即便只是其中一个比特，获得的摘要将发生不可预测的改变。摘要将作为发送文件的一部分附加在文件后一起发出，接收者则利用双方事先约定好的摘要算法对收到的文件做同样运算，并比较运算所得的摘要与随文件发送来的摘要是否一致，以此鉴定收到的文件是否在发送过程中受到篡改。如果摘要函数（相当于密钥）仅为收发文件的双方所知，通过上述报文认证即可达到信息确认的上述四个目标。

（2）数字签名技术。数字签名是指数据电文中以电子形式所含、所附用于识别签名人身份并表明签名人认可其中内容的数据，而数据电文是指以电子、光学、磁或者类似手段生成、发送、接收或者储存的信息。

从技术上看，数字签名是非对称加密技术的一种，其基本原理类似于上述报文摘要技术。首先，签名者使用签名软件对拟发送的数据电文（电子文件）进行散列函数运算，生成报文摘要；其次，由签名软件使用签名者的私钥对摘要进行加密，加密后的报文摘要附着在电子文件之后，连同签名者从认证机构处获得的认证证书（用以证明其签名来源的合法性和可靠性）一同传送给文件接收者。

文件接收者在收到信息后，首先使用软件用同样的散列函数算法对传来的电子文件进行运算，生成报文摘要。同时，使用签名者的公钥对传送而来的报文摘要进行解密，将解密后的报文摘要和接收者运算生成的报文摘要进行比较，如果两个摘要一样，就表明接收者成功核实了数字签名。在核实数字签名的同时，接收者的软件还要验证签名者认证证书的真伪，以确保证书是由可信赖的认证机构颁发的。经核实的数字签名向文件的接收者保证了两点：第一，文件内容未经改动；第二，信息的确来自签名者。

签名者所用的数字签名制作工具（公钥、私钥、散列函数、软件等），是由合法成立的第三方电子认证服务机构在充分验证发文者真实身份后提供的。电子认证服务机构颁发的数字签名制作数据及认证证书相当于网上身份证，帮助收文者、发文者识别对方身份和表明自身的身份，具有真实性和防抵赖功能。与物理身份证不同的是认证证书还具有安全、保密、防篡改的特性，可对电子文件信息的传输提供有效的安全保护。

（3）数字水印技术。数字水印类似于传统印刷品上的水印，用以鉴别电子文档的真伪。该印记在通常状态下隐匿不见，除非用特殊技术检测。一旦这种水印遭到损坏，文件数据也会受到破坏。

上述信息确认技术的实质是，文件发送者将签署信息（加密运算方法）以不可分离的方式与文件内容（而不是纸质文件的载体）"编织"一体，使他人无法在不改变签署信息的前提下改变文件内容，或者相反（就像无法不改变载体而改变纸质文件上的内容一样），而收文者则通过验证其信息内容中的签署信息来证实文件内容的原始性和发文者的原真性。

2. 防写技术

防写技术是保障电子文件内容不被修改所采取的安全技术，其目的是通过技术手段来固定处于静态的电子文件的内容信息。大多数文件管理系统具有将运行其中的文件属性设置为"只读"状态的功能，在只读状态下，文件内容只能读取，不能更改，除非具有高级权限的用户来更改文件的"只读"属性。另一个简单的技术手段是将文件内容刻录到 CD-R 光盘、WORM 磁盘等一次性写入存储介质上，这些不可逆式（无法改写已写入的内容）的存储载体有效防止对静态电子文件内容的改动，保证了电子文件的真实性和完整性。

3. 审计技术

审计技术旨在记录电子文件运行处理的全部过程，抑制非法使用系统的行为。采用审计技术的电子文件管理系统将自动记录下系统运行的全部情况，形成系统日志。审计记录为电子文件真实性的认证提供最基本的证据，借助系统日志，管理员可以分析出系统运行的情况，追踪事件过程，排除系统故障，侦察恶意事件，维护系统安全，优化对系统资源的使用。系统日志包括哪些内容必须根据文件系统的安全目标和操作环境个别设计。

4. 访问控制技术

访问控制是信息系统安全防范和保护的主要策略，其任务是杜绝对系统内电子文件信息的非法利用和蓄意破坏。访问控制技术种类繁多，且相互交叉，目前主要有以下两类：

（1）防火墙。防火墙是设置在被保护文件系统和外部网络之间的一道屏障，以防止发生不可预测的、潜在的、破坏性的侵入，它可通过监测、限制跨越防火墙的数据流，尽可能地对外屏蔽系统内部的信息、结构和运行状况，实现内部网络的安全保护。防火墙可分为外部防火墙和内部防火墙。前者在内部网络和外部网络之间建立一个保护层，以防止"黑客"的侵袭，挡住外来非法信息，并控制敏感信息被泄露；后者将内部网络分隔成多个局域网，以此控制越权访问。防火墙可以是一个路由器、一台主机，也可以是路由器、主机和相关软件的集合。电子文件系统在选择、使用防火墙时，应对防火墙所采用的技术、种类、安全性能及不足之处有充分认识。

第一，认真权衡防火墙的安全性能和通信效率，在文件安全和方便利用两者之间将安全放在第一位。

第二，对于中小型的文件管理系统，如果系统内外交换的信息量不是很大，信息重要程度属于一般，可以采用数据包过滤和代理服务型防火墙；而对于大型文件管理系统或信息安全要求较高的系统，可以考虑采用复合型防火墙。在系统安全和投资费用之间应进行权衡，不可不计代价地追求超出可能风险的安全性。

第三，对防火墙进行管理时，除了解防火墙的益处之外，还应了解防火墙自身的局限与不足。

第四，使用防火墙对外隔离时，不能忽视防火墙内部的管理，因为许多攻击来自内部。必要时可设置第二道防火墙，使内部网络服务器对内也被隔离，但这样会降低系统的效率。

第五，为更好地保护文件管理系统，尽量考虑采用国内自主开发的防火墙产品。

第六，防火墙属于信息安全产品，国家规定实行强制认证，在文件管理系统中使用的防火墙必须是经国家认证的产品。

（2）身份验证。为防止未经授权的用户操作文件管理系统中的各类资源，通常在用户登录或实施某项操作之前，系统将对其身份进行验证，并根据事先的设定来决定是否允许其执行该项操作。验证过程对用户而言就是要提供其本人是谁的证明。身份验证的方法很多，并且不断发展。但其验证对象有三：①所知信息（如口令）。口令是最普通的手段，但可靠性不高，智能化的"口令"是系统向被验证者发问的一系列随机性问题，以其回答来验证身份。②所持实物（如智能卡）。智能卡技术将逐步成为身份验证技术的首选方案。智能卡是密钥的一种媒体，形状如信用卡，由授权用户持有并由该用户赋予其一个口令或密码字。③所具特征（如指纹、视网膜血管图、语音等）。以指纹、视网膜血管图、声波纹进行识别的可靠性较高，但需要使用指纹机等特征采集设备，代价较大。该密码与内部网络服务器上注册的密码一致。为提高身份验证的可靠性，可将上述三种手段结合起来使用。

5. 信息加密技术

加密是保障信息安全最基本、最经济的技术措施，也是大多数信息防护措施的技术基础。加密的作用是防止敏感的或有密级限制的信息在传输过程中泄密。

文件加密所采取的加密算法形形色色。如电子文件加密的基本过程是：存储或传输前将原先借助相应的软件可以识读的数码序列（称为明文）通过数学变换（加密运算）变成无法识读的"乱码"（称为密文或密码）；利用时再通过数学变换（解密运算）将"乱码"还原成可以识读的数码序列。其中，加密运算和解密运算都是在一组密钥控制下进行的，密钥是控制加密算法和解密算法实现的关键数据。

密钥对非授权者是保密的，因此，可防止非法用户破解密钥而窃获文件内容。根据文件加密和解密时所使用的密钥是否相同，加密算法可以分为对称加密解密法和非对称加密解密法两种。

在对称加密解密法中，加密密钥和解密密钥是相同的，或者知道其中一个密码就可以方便地推算出另外一个密码，因此密钥必须绝对保密。问题是，在发送加密文件之前首先通过安全渠道将密钥分发到双方手中，其传递中很容易造成密钥泄露。而且，如果某涉密文件分发的单位多，密钥的安全控制会有很大的难度。这种方法在对涉密文件进行静态管理时比较有效，如自己撰写的保密文件给自己使用，防止被人偷看。

非对称（又称双钥）加密解密法中，加密方和解密方使用的密钥是不相同的，密件经办人须预先准备两把钥匙，一把公钥，一把私钥。当发送密文时，发送者使用收文者的公钥，将文件加密后发给收文者，收文者收到密文后，用自己的私钥解密文件。由于只有拥有该私钥的收文者才能解密这份文件，所以文件的传递过程是安全的。

6. 病毒防治技术

即使采用防火墙、身份验证和加密技术，文件系统仍然可能遭到病毒的攻击。防治病毒包括两个方面：一是预防，在系统或载体未染毒之前采取有效措施，防止病毒感染；二是杀毒，在确认系统或载体已染毒后彻底将其清除。防毒是根本，杀毒则是补救措施，目前普遍使用的是以特征扫描为基础的杀毒软件。文件网络环境下的防毒、杀毒需要注意以下三点：

（1）从客户机和服务器两个方面采取杀毒防毒措施。电子文件管理系统有的采用客户机/服务器模式，客户机、服务器都可能遭受病毒侵害，因此，必须同时展开防毒杀毒工作。作为局域网入口的工作站，不仅受病毒攻击的可能性更大，而且数量较多，管理分散，往往是最薄弱的环节，必须重点设防。对于功能简单的工作站尽可能设置成无盘工作站，并在所有工作站上都安装防病毒卡或芯片。服务器是整个网络的"中枢神经"，是网络信息资源的集中地，是防毒工作的重点。防止服务器被病毒感染的主要措施是：尽量少设超级用户；将系统程序设置为只读属性，对其所在的目录不授予修改权和管理权等。

（2）由于病毒不断变异，杀毒软件也不断升级，网络管理员与档案工作人员应注意及时更新杀毒软件的版本类型，选用最先进、可靠的防杀网络病毒软件。

（3）加强对网上资源的访问控制，防止非法用户进入网络，充分利用网络操作系统和文件管理系统所具有的安全管理功能。防毒杀毒是系统工程，必须从管理和技术两方面着手，采取综合措施建立起完善的病毒防治体系。

（三）信息安全技术在档案信息化中的应用

在档案信息化建设过程中，信息安全技术起着至关重要的作用。信息安全技术可以有效保护档案信息免受内外部攻击，确保档案信息的安全性和完整性。

第一，建立完善的信息安全制度。这包括制定详细的信息安全策略，明确各个用户和部门的信息安全责任，以及制订信息安全事故应急预案。只有建立了完善的信息安全制度，才能确保档案信息的安全。

第二，选择合适的信息安全技术。这包括防火墙、入侵检测、漏洞扫描等技术。这些技术可以有效防止档案信息被非法访问和篡改，保障档案信息的真实性。

第三，加强人员管理。人员是档案信息安全的重要因素。对档案管理人员进行专业培训，提高他们的信息安全意识和技能。同时，定期对档案信息系统的安全性进行评估，及时发现并修复系统漏洞。

第四，加强物理安全管理。这包括对档案库房的定期检查，确保档案库房的安全设施正常运行。同时，制定严格的访问控制策略，防止未经授权的人员进入档案库房。

第五，关注信息安全技术的更新和升级。信息安全技术是不断发展和变化的，紧跟技术发展的步伐，及时更新和升级信息安全技术，以应对日益复杂的安全威胁。

二、网络安全技术的实践应用

（一）网络安全技术的特性

网络安全技术是指保护计算机网络系统及其信息不受攻击、破坏和非法访问的一系列技术措施。网络安全技术的主要特性包括防护性、检测性、恢复性和灵活性。

第一，防护性。防护性是网络安全技术的首要特性，其主要目的是确保网络系统的正常运行，防止网络攻击和非法访问。为实现这一目标，网络安全技术采用了多种防护措施，如防火墙、入侵检测系统（IDS）、入侵防御系统（IPS）等。这些技术可以在网络边界和内部进行实时监控，阻止恶意攻击和非法访问，确保网络系统的安全稳定。

第二，检测性。检测性是指网络安全技术能够及时发现和识别网络攻击和异常行为，提供预警和响应机制。在网络环境中，攻击者往往采取隐蔽手段进行攻击，因此，检测性对于网络安全至关重要。网络安全技术通过采用异常检测、流量分析、日志审计等方法，对网络流量和用户行为进行监控，以便及时发现潜在的安全威胁，并采取相应措施。

第三，恢复性。在网络攻击发生后，网络系统的正常运行可能会受到影响。恢复性是指网络安全技术能够在攻击发生后，迅速恢复系统的正常运行，减少损失和影响。为实现恢复性，网络安全技术采用了数据备份、系统恢复、故障转移等方法。这些技术可以在攻击发生时，迅速恢复网络系统的正常运行，降低攻击带来的影响。

第四，灵活性。网络安全技术必须具备灵活适应的特性，以应对持续演变的网络环境和日益复杂的威胁态势。其自适应能力，即网络安全技术应能够依据网络环境和威胁情况的变化，自动调整和优化安全策略，确保安全防护的实时性和有效性。网络安全技术应能够适应网络规模的扩大和业务发展的需求，支持平滑升级和扩展，以满足未来网络安全防护的需要。

（二）网络安全技术的优化策略

1. 构建多层次网络防护体系

（1）采用先进的防火墙技术，作为网络的第一道防线，有效阻止外部恶意攻击和非法访问。防火墙能够根据预设的安全策略，对进出网络的数据包进行过滤和检查，确保只有符合规定的数据才能通过。

（2）引入入侵检测与防御系统（IDS/IPS），作为防火墙的补充，对网络流量进行深度分析和检测。IDS/IPS能够实时监控网络中的异常行为，发现潜在的安全威胁，并及时发出警报或采取相应的防御措施。通过IDS/IPS的部署，可以进一步提高网络的安全性，降低被攻击的风险。

（3）结合其他网络安全技术，如虚拟专用网络（VPN）、安全套接层（SSL）等，构建更加完善的网络防护体系。这些技术能够提供加密通信、身份认证等安全功能，确保档案信息在传输和存储过程中的安全性。

2. 定期进行安全评估与测试

网络安全是一个动态的过程，需要定期进行安全评估与测试，以确保网络系统的安全性和稳定性。

（1）建立定期的安全评估机制，对网络系统进行全面的安全检查和评估。评估内容包括但不限于网络架构、安全策略、安全配置、安全漏洞等方面。通过评估，可以及时发现潜在的安全隐患和漏洞，并制定相应的整改措施。

（2）应进行定期的渗透测试，模拟黑客攻击行为，对网络系统进行全面的安全测试。渗透测试可以发现系统中存在的安全漏洞和弱点，并评估其可能带来的安全风险。通过渗透测试，可以进一步了解系统的安全状况，并采取相应的加固措施。

（3）还应关注新的安全威胁和漏洞信息，及时对系统进行更新和修补。通过及时更新和修补系统漏洞，可以有效防范新的安全威胁和攻击手段。

3. 加强网络安全监控与响应

（1）建立完善的网络安全监控机制，实时监控网络流量和系统状态。通过监控网络流量和系统状态，可以及时发现异常行为和潜在的安全威胁，并采取相应的防御措施。

（2）建立快速的响应机制，对发现的安全威胁进行及时响应和处理。响应机制应包括但不限于警报通知、紧急处理、事后分析等方面。通过快速的响应机制，可以最大限度地减少安全威胁对系统的影响和损失。

（3）利用安全信息和事件管理（SIEM）等技术手段，对网络安全事件进行集中管理和分析。SIEM技术能够收集和分析来自不同安全设备和系统的日志信息，发现潜在的安全威胁和异常行为，并提供相应的处理建议。通过SIEM技术的应用，可以进一步提高网络安全监控和响应的效率和准确性。

4. 推广网络安全教育与培训

（1）加强对档案管理人员的网络安全教育和培训，使其了解网络安全的重要性和基本知识。通过教育和培训，可以增强档案管理人员的网络安全意识，使其能够自觉遵守网络安全规定和操作流程。

（2）定期组织网络安全知识竞赛和演练活动，提高档案管理人员的网络安全技能和应对能力。通过竞赛和演练活动，可以让档案管理人员在实践中学习和掌握网络安全技能，提高其应对网络攻击和威胁的能力。

（3）邀请网络安全专家进行培训和指导，为档案管理人员提供更加专业和深入的网络安全知识和技能培训。通过专家的培训和指导，可以让档案管理人员了解最新的网络安全技术和趋势，掌握更加先进和有效的网络安全防护手段。

三、环境安全技术的实践应用

（一）环境安全技术的核心特性

环境安全技术，旨在通过物理与技术的双重手段，确保档案存储环境的安全稳定，有效抵御自然灾害及人为破坏对档案信息可能造成的损害。其主要特性体现如下：

第一，物理防护的严密性。通过部署防护门、监控摄像头等物理设施，构建坚实的防护屏障，严防未经授权人员进入档案存储区域，从而大幅降低档案被盗或遭破坏的风险。

第二，环境监控的精准性。借助先进的温湿度监控系统，实现对档案存储环境各项参数的实时监控，确保环境条件始终符合档案存储的严苛要求，及时发现并解决潜在问题。

第三，应急响应的高效性。针对可能出现的环境安全事件，制订并不断完善应急预案，构建全面且高效的防灾减灾体系。通过定期开展应急演练与培训，提升档案管理人员的应急响应能力，确保在突发事件发生时能够迅速、有效地应对。

第四，防护策略的灵活性。环境安全技术具备高度的灵活性和可扩展性，能够根据实际环境条件和安全威胁的变化，灵活调整和优化防护策略，以适应不断变化的安全需求。

（二）环境安全技术的优化策略

第一，加大物理安全防护力度。在现有物理防护措施的基础上，进一步加大投入，采用更先进的技术手段，如生物识别系统、智能锁等，提升档案存储设备和环境的安全防护水平。

第二，完善环境监控体系。在温湿度监控的基础上，进一步拓展监控范围，增加空气质量、光照度等监测参数，构建全方位、多维度的环境监控体系，实现对档案存储环境全面、细致的监控。

第三，制订综合防灾减灾方案。结合实际情况，制订综合防灾减灾预案，涵盖防火、防水、防震等多个方面，确保在自然灾害发生时能够迅速启动应急机制，降低灾害对档案信息的损害程度。

第四，强化应急演练与培训。定期开展应急演练活动，提高档案管理人员的应急响应能力和实际操作水平。同时，加强防灾减灾知识培训，增强员工的防灾意识和技能水平，为档案信息化建设提供坚实的安全保障。

四、版权安全技术的实践应用

（一）版权安全技术的特性

第一，版权安全技术具备强大的版权保护功能。通过采用先进的加密技术、数字水印、访问控制等手段，该技术能够确保档案信息版权的完整性和安全性。这些技术手段不仅能够有效防范未经授权的复制与传播行为，还能在发现侵权行为时提供有力的证据支持，从而维护版权所有者的合法权益。

第二，版权安全技术实现了对档案信息版权的规范化与系统化管理。在版权登记方面，该技术提供了便捷、高效的登记方式，使得版权信息能够准确、全面地记录。在授权管理方面，版权安全技术能够建立清晰、明确的授权机制，确保版权使用行为符合法律法规和合同约定。这些规范化的管理措施有助于提高版权管理的效率和准确性，为版权所有者提供更加全面、细致的保护。

第三，版权安全技术还具备完善的版权追溯机制。通过记录版权使用行为的相关信息，如使用时间、使用方式、使用范围等，该技术能够实现对版权使用行为的可追溯性。当发生侵权行为时，版权所有者可以依据这些记录信息追究侵权者的法律责任，确保版权的合法使用和利益得到有效保护。

第四，版权安全技术还注重提升防篡改能力。为了确保档案信息内容的完整性和真实性，该技术采取了多种防篡改措施，如数字签名、时间戳等。这些措施能够有效防止未经授权的篡改行为，确保档案信息在传输、存储和使用过程中的安全性。

（二）数字版权管理技术在档案信息化建设中的应用

数字版权管理技术（Digital Rights Management，简称 DRM）是一种用于保护数字内容（如软件、音乐、电影等）的版权的技术。它通过限制或控制用户对数字内容进行复制、修改、传播等操作，以保护版权者的权益。DRM 系统通常由软件、硬件和许可管理服务组成，其核心目标是防止非法复制和侵犯版权的行为。DRM 技术是在网络和数字化环境下，借助加密与封装技术、PKI 认证、权限管理技术等，使数字内容和权利主体获得对其客体的控制权，从而防止非授权使用，是保护权利所有人利益的一种综合性技术体制。DRM 技术对数字内容版权的保护，贯穿数字内容从产生到分发、从销售到使用的整个内容流通过程。

第一，档案数字化过程中的版权保护。在档案数字化过程中，采用数字版权管理技术可以有效保护档案原文的版权。通过对原始档案进行数字化处理，生成具有版权保护功能的数字副本，确保档案内容的合法使用。同时，数字版权管理技术还可以实现对档案数字副本的使用权限、访问范围、使用期限等进行严格控制，防止档案内容被非法复制、传播和篡改。

第二，档案信息资源共享与授权。数字版权管理技术在档案信息资源共享与授权方面发挥着重要作用。通过建立基于数字版权管理技术的授权机制，可以为档案用户提供灵活、便捷的授权服务。在保障版权持有者合法权益的前提下，实现档案信息资源的合理利用和高效共享。

第三，档案信息安全与监控。数字版权管理技术可以为档案信息安全提供有力保障。通过对档案内容进行加密处理，可以防止档案信息被非法获取、篡改和泄露。同时，数字版权管理技术还可以实现对档案信息的实时监控，确保档案信息在传输、存储和使用过程中的安全。

第四，档案知识创新与传播。数字版权管理技术在档案知识创新与传播方面具有重要意义。通过对档案内容进行有效的版权保护，可以鼓励档案工作者进行知识创新，推动档案事业的可持续发展。同时，数字版权管理技术还可以为档案知识的传播提供有力支持，提高档案知识的社会影响力。

第四章 档案信息化建设中的资源转型与创新管理

第一节 档案传统资源的信息化转型

一、档案传统资源信息化转型的必要性

随着信息技术的飞速进步和全球信息化进程的日益深化，档案资源的利用和管理方式正迎来一场深刻的变革。档案，作为记录历史、传承文化的重要载体，其信息的准确性和完整性对于学术研究、文化传承乃至社会发展具有不可替代的价值。然而，传统的档案管理方式，即基于纸质档案的手工操作、存储和检索，在信息化时代的冲击下，已逐渐暴露出其局限性和不足。因此，档案传统资源的信息化转型成为档案事业发展的必由之路，其必要性主要体现在以下方面：

（一）提高档案利用效率，满足现代社会信息需求

在信息化高速发展的今天，档案作为重要的信息资源，其利用效率直接影响到社会的运行效率。传统的档案管理方式，如手工操作、纸质存储，已无法满足现代社会对档案信息获取速度、准确性和全面性的高要求。信息化转型正是解决这一问题的关键所在。通过将档案信息以数字化形式存储和传输，极大地提高了档案的检索速度和利用效率。用户不再需要花费大量时间在纸质档案中翻找，而是可以通过信息检索系统，在海量档案资源中快速定位到所需的信息。这不仅节省用户的时间和精力，也提高了档案信息的利用率。此外，数字化档案的全文检索、智能推荐等功能，进一步提升档案信息的获取效率和使用体验，满足了现代社会对档案信息的高需求。

（二）保护档案原件，确保档案信息的长期保存

纸质档案在长时间保存和使用过程中，容易受到环境因素的影响，如潮湿、霉变、虫害等，这些都会导致信息的丢失和损坏。信息化转型通过将档案原件转化为数字副本，可以有效减少对原件的依赖和磨损。数字副本具有易于备份、存储和传输的特点，即使原件遭受损坏，也可以通过数字副本进行恢复和重建。同时，数字副本还可以进行加密、签名等安全措施，确保档案信息的安全性和可靠性。因此，信息化转型不仅有助于保护档案原件，还能够确保档案信息的长期保存和传承，为后代留下宝贵的历史财富。

（三）促进档案资源共享，推动学术研究和文化交流

传统的档案管理方式往往受到地域限制，使得档案信息难以在更广泛的范围内共享。而信息化转型则打破这一限制，使得档案信息可以在全球范围内共享。通过网络平台，不同地区的用户可以轻松地访问和获取所需的档案信息，从而推动档案资源的开发利用和学术研究的深入。同时，信息化转型还有助于促进文化交流和国际合作，为不同国家和地区的学者和研究人员提供便捷的学术交流和合作平台。这种跨地域、跨文化的资源共享和交流，将进一步推动学术研究的深入和文化交流的繁荣。

（四）推动档案管理现代化，提升档案管理水平

信息化转型不仅是档案资源利用方式的变革，也是档案管理方式的革新。通过引入先进的信息技术和管理理念，可以推动档案管理的现代化进程，提升档案管理水平。例如利用大数据技术对档案信息进行挖掘和分析，可以揭示档案信息的内在规律和趋势，为档案管理和利用提供更加科学的决策支持。同时，信息化转型还可以推动档案管理的标准化和规范化建设，提高档案管理的专业性和权威性。

（五）应对信息时代挑战，保障档案事业的可持续发展

在信息时代背景下，档案事业面临着前所未有的挑战和机遇。一方面，信息

技术的快速发展为档案事业提供更多的可能性和选择；另一方面，信息时代的复杂性也对档案事业提出更高的要求。因此，档案传统资源的信息化转型不仅是应对信息时代挑战的重要举措，也是保障档案事业可持续发展的关键所在。通过信息化转型，档案事业可以不断适应信息时代的发展要求，推动自身不断创新和发展。

二、档案传统资源信息化转型的过程

第一，档案数字化。档案数字化是信息化转型的起点。通过高精度扫描、专业拍照等手段，将纸质档案转化为数字图像。随后，利用光学字符识别技术将图像中的文字转换为可编辑的文本，实现档案内容的可搜索和可编辑。这一过程要求对档案进行细致的分类、整理和清洁，以确保数字化档案的质量和完整性。

第二，元数据抽取与编制。在档案数字化的基础上，从电子文档中提取关键信息，如标题、作者、日期等，形成元数据。元数据的编制和抽取对于提高档案的检索效率和精确度至关重要，它使得用户能够根据特定的关键词快速定位到所需的档案资源。

第三，数据整合与数据库建设。将不同来源和类型的电子档案进行标准化处理，通过格式转换和数据清洗，消除数据冗余和矛盾，确保数据的一致性和准确性。然后，将这些数据整合入一个统一的档案信息资源数据库中，实现档案资源的集中管理和利用。数据库的建设是信息化转型的核心，它为档案信息的分类、存储、检索和管理提供强大的技术支持。

第四，数据存储与备份策略。为了保障档案信息资源的安全，需要将整合后的档案信息资源存储在稳定、安全的服务器上，并采取有效的数据备份策略。定期备份和灾难恢复计划的制订是防止数据丢失和损坏的关键措施。

第五，信息管理系统开发与应用。开发适合档案管理需求的信息管理系统，是实现档案信息化转型的关键工具。这样的系统可以实现档案信息的自动化处理、智能检索、统计分析等功能，极大地提高档案工作的效率和质量。同时，信息管理系统还可以与其他信息系统进行集成，促进档案信息的共享和交换。

三、档案传统资源信息化转型的策略

(一) 树立信息化转型的理念与意识

信息化转型首先需要在理念和意识上进行革新。这不仅仅是技术的升级，更是观念的变革。树立信息化转型的理念与意识，是推动档案信息化建设的基础。

第一，培养信息化思维。信息化思维是一种全新的思维模式，强调通过信息技术手段实现信息的高效管理和利用。档案管理人员应当树立信息化思维，将信息化作为档案管理的核心理念，主动适应和接受信息技术带来的变化。通过培训和教育，提高档案管理人员的信息化素养，使其具备使用和管理信息技术的能力。

第二，提升信息化意识。在档案管理中，信息化意识的提升尤为重要，管理层和基层工作人员都应当认识到信息化转型的必要性和紧迫性。信息化转型不仅可以提高档案管理的效率和准确性，还可以提升档案的利用价值。通过宣传和引导，增强全员的信息化意识，形成全社会共同推动档案信息化转型的良好氛围。

第三，制定信息化发展战略。信息化转型需要系统的规划和战略，档案管理机构应当根据自身实际情况，制定信息化发展战略，明确信息化转型的目标、任务和步骤。通过科学的规划和系统的实施，确保信息化转型工作的有序推进。

(二) 加大信息化转型的投入力度

信息化转型需要大量的人力、物力和财力投入。只有加大信息化转型的投入力度，才能为信息化建设提供坚实的保障。

第一，增加资金投入。资金是信息化建设的重要保障，档案管理机构应当积极争取政府和社会各界的支持，增加对信息化建设的资金投入。通过专项资金和项目支持，为信息化建设提供充足的财力保障。同时，还可以通过与其他组织合作，引入社会资本，共同推动档案信息化建设。

第二，提供人力资源保障。信息化转型需要专业的人才队伍，档案管理机构应当注重人才的引进和培养，通过多种渠道吸引信息化专业人才。同时，还应加

强对现有档案管理人员的信息化培训，提高其专业素质和技术水平。通过建立专业的技术团队，为信息化建设提供人力资源保障。

第三，完善基础设施建设。信息化转型需要完善的基础设施，档案管理机构应当加大对信息化基础设施的投入，建设高标准的信息管理系统和数据存储中心。通过引进先进的硬件设备和软件系统，为信息化建设提供技术支持和保障。

（三）推动信息化转型的技术创新

第一，引进先进技术。信息化转型需要引进先进的技术。档案管理机构应当密切关注信息技术的发展动态，积极引进云计算、大数据、人工智能等先进技术。通过技术的引进和应用，提高档案管理的效率和智能化水平。

第二，开发定制化软件。信息化转型需要定制化的软件支持。档案管理机构应当根据自身实际需求，开发和引进定制化的软件系统。通过定制化的软件系统，实现档案的高效管理和利用。定制化软件不仅能够提高工作效率，还能够提升档案管理的精细化和智能化水平。

第三，强化数据安全保障。信息化转型需要高度重视数据安全。档案管理机构应当建立完善的数据安全保障体系，采取多种技术手段，确保数据的安全性和完整性。通过加强数据备份、加密和防护措施，防止数据泄露和丢失，确保档案信息的安全和可用性。

（四）加强档案信息化建设的标准化工作

标准化是信息化建设的重要保障。只有加强标准化建设，才能确保信息化转型的规范性和有效性。

第一，制定统一标准。档案信息化建设需要统一的标准，档案管理机构应当结合国家和行业标准，制定符合自身实际的档案信息化标准。通过制定统一的标准，规范档案信息化建设的各个环节，确保信息化转型的科学性和规范性。

第二，推动标准实施。标准的制定需要有力地实施，档案管理机构应当建立健全标准实施机制，确保各项标准的落地和执行。通过严格的标准实施和监督，确保信息化建设的质量和效果。

第三，加强标准化培训。标准化建设需要全员参与，档案管理机构应当加强对档案管理人员的标准化培训，提高其标准化意识和能力。通过培训，使全体人员掌握标准化要求和操作规范，确保信息化建设的统一性和规范性。

第二节　档案信息资源的信息化共享机制

一、档案信息资源的特点、类型与作用

档案信息资源是指在一定历史时期内，由政府机关、企事业单位、社会组织和公民个人形成的，具有保存价值的各类档案资料的总和。

（一）档案信息资源的特点

第一，历史性。档案是历史的真实记录，它们如同一面镜子，反映了我国各个历史时期的社会发展状况、政治经济制度、科技文化成就等方面的情况。无论是古代的典籍、碑刻，还是近代的公文、文件，都是历史的见证者，为我们了解和研究历史提供宝贵的资料。档案的历史性不仅体现在它们记录的内容上，还体现在它们的形成和保存过程中。每一份档案都经历了时间的沉淀和历史的考验，因此它们具有极高的历史价值。

第二，独立性。与其他信息资源相比，档案信息资源是独立存在的，它们不受其他信息资源的影响，具有客观性和真实性。这是因为档案的形成和保存都是按照一定的规范和程序进行的，保证了其内容的真实性和可靠性。此外，档案信息的独立性还体现在其独特的载体形式上。无论是纸质档案还是电子档案，它们都以独特的方式保存着历史的信息，为我们提供独特的视角和认识。

第三，不可再生性。由于档案是历史的真实记录，一旦丢失或损毁，将无法恢复。这种不可再生性使得档案信息资源显得尤为珍贵和脆弱。因此，在保存和利用档案信息资源时，必须格外小心和谨慎，确保它们的完整性和安全性。同时，加强档案的数字化和备份工作，以应对可能出现的风险和灾害。

第四，多样性。档案种类繁多，包括文书档案、科技档案、声像档案、电子档案等。这些档案在形式和内容上都有所不同，但它们共同构成了档案信息资源的丰富多彩。此外，档案信息资源的多样性还体现在其来源和用途上。档案可以来自各个行业和领域，为各个领域的研究和发展提供重要的支撑。

（二）档案信息资源的类型

1. 文献型档案信息资源

即以文献为载体的档案信息资源。从本质上来说，就是将档案信息知识内容以某种形式为符号记载在一定的物质载体上，通过一定的方式进行制作，最后以一定形态呈现出来的物质载体。按照这种方式划分，又可以细分为：

（1）刻写型档案信息资源。刻写型的档案信息资源是指以刻画和手工书写的方式将档案信息的内容记录在各种自然物质材料和纸张等不同载体上而形成的文献型的档案信息资源，如古代的甲骨档案、金石档案、简牍档案、缣帛档案；现代的笔记、手稿、书信、原始档案、会议记录等。

（2）印刷型档案信息资源。印刷型档案信息资源是指通过石印、油印、铅印、胶印、复印等印刷方式，将档案信息资源内容记录在纸质载体上的一种文献型的档案信息资源，如档案期刊、文书档案和科技档案中的资料、图片、乐谱等；政府出版物、会议文献、科技报告、学位论文；等等。

（3）缩微型档案信息资源。缩微型档案信息资源主要指缩微资料，它是利用化学记录技术、将刻写型的档案信息资源、印刷型的档案信息资源的影像缩小并记录在感光材料上制成的档案复制品。

（4）视听型档案信息资源。主要指视听资料，又称声像档案。它是以电磁材料为载体，以电磁波为信号符号，将声音、文字及图像记录下来的一种动态性档案信息资源。

2. 数字化档案信息资源

数字化的档案信息资源是指以数字化的形式，将文字、图像、声音、动画等多种形式的信息存储在光、磁盘等非纸质载体中，以光信号、电信号的形式传输，并通过计算机和其他外部设备再现出来的档案信息资源。数字化的档案信息资源实际上就是将文献型的档案信息资源进行数字化加工，通过因特网实现区域乃至全社会共享的一种资源。

（三）档案信息资源的作用

第一，保障国家历史文化传承。档案资料详细记录了中华民族几千年的发展历程，无论是古代的历史事件、文化传承，还是近现代的政治变革、社会进步，都能够在档案中找到痕迹。这些珍贵的档案资料不仅为后人提供了解历史的途径，更是弘扬民族精神、传承历史文化的重要基石。通过档案，深入研究民族文化的起源、演变与发展，进一步认识中华民族的精神内核。同时，档案中的历史事件和人物故事，也为文学创作、影视制作等提供丰富的素材和灵感。可以说，档案信息资源对于传承历史文化、弘扬民族精神具有不可估量的价值。

第二，促进政治经济发展。政府决策需要依据大量的数据和资料，而档案正是这些数据和资料的重要来源之一。通过对档案的整理、分析和研究，政府能够了解历史的发展规律、政策执行的效果以及社会的实际需求，从而制定出更加科学、合理的政策。

第三，服务科技文化事业。例如在产业规划、项目投资等方面，档案中的历史数据和经验可以为决策者提供宝贵的参考。同时，档案中的商业信息、市场数据等也能够为企业的经营管理提供重要依据。

第四，档案信息资源在服务科技文化事业方面也有着积极贡献。在科学研究中，档案资料可以为研究人员提供丰富的历史数据和实验记录，帮助他们更好地了解研究对象的背景、发展历程和现状。同时，档案中的文献、图片等也能够为文化创作提供灵感和素材。在文化事业方面，档案信息资源同样发挥着重要作用。例如博物馆、图书馆等文化机构可以通过展示档案中的文物、古籍等，让公众更加直观地了解历史和文化。此外，档案中的民间故事、传说等也能够为文化创作提供丰富的素材和灵感。

第五，满足公民知情权。公民有权了解政府的工作情况、政策制定和执行情况等信息。而档案作为政府工作的记录和见证，为公民提供了解政府工作的途径。通过查阅档案，公民可以了解政府的工作内容、决策过程以及政策实施的效果等信息，从而保障自己的知情权、参与权和监督权。

二、档案信息资源共享的必要性

第一，档案信息资源共享能够有效提高档案信息资源的利用效率。在过去，由于档案管理体制、技术手段等方面的限制，档案信息资源往往呈现出孤岛现象，即各部门、各地区之间的档案信息资源难以实现有效的共享与互通。这不仅导致了档案信息资源的浪费，也阻碍了档案工作的进一步发展。而档案信息资源共享则能够打破这种孤岛现象，实现档案信息资源的优化配置，提高利用效率。通过搭建档案信息共享平台，可以方便地对各类档案信息资源进行整合、分类和查询，从而更加便捷地为公众提供服务。

第二，档案信息资源共享有助于促进档案事业的可持续发展。随着信息化时代的到来，档案工作面临着越来越多的挑战和机遇。档案信息资源共享不仅可以提高档案工作的整体水平，还可以推动档案事业的创新发展。通过共享档案信息资源，可以吸引更多的专业人才参与到档案工作中来，推动档案工作的专业化、标准化和现代化。同时，共享还可以激发档案工作者的创新意识和实践能力，推动档案工作的不断创新和发展。

第三，档案信息资源共享也是满足社会公众需求的重要途径。"档案资源共享意义重大，档案资源共享有助于充分实现档案资源价值，深化档案信息服务，更好地满足公众和社会发展的需求。"① 无论是学术研究、历史研究还是个人兴趣，公众都可以通过共享平台方便地获取到所需的档案信息资源，提高自身的文化素质和科技水平。

第四，档案信息资源共享在保障国家安全方面发挥着重要作用。档案中蕴含着大量的历史信息、情报资料等，对于国家安全部门来说具有重要的参考价值。通过档案信息资源共享，国家安全部门可以更加及时、准确地获取到所需的情报信息，为国家的安全稳定提供有力保障。同时，共享还可以促进政府部门之间的协作与沟通，形成合力，共同维护国家的安全利益。

---

① 王嘉逊. 数据开放环境下档案资源共享研究 [D]. 保定：河北大学，2019：1.

第五，档案信息资源共享对于促进国际交流与合作具有重要意义。在全球化的背景下，文化交流与合作日益频繁。档案作为文化的重要载体，通过共享可以加强国际文化交流与合作。通过搭建国际档案信息共享平台，可以促进各国之间的档案信息资源互通有无，推动档案事业的国际化发展。同时，共享还可以提升我国在国际舞台上的地位和影响力，展示我国的文化软实力和历史底蕴。

三、档案信息资源信息化共享机制的作用与实践

（一）档案信息资源信息化共享机制的作用

档案信息资源信息化共享机制在档案工作中扮演着举足轻重的角色。它通过建立统一的标准和数据交换平台，实现了档案信息资源的有效整合，这涵盖了档案目录与全文的整合，进而促进了档案信息资源的统一管理与高效利用。此举显著提升档案信息资源的利用效率，有助于实现档案信息资源的优化配置。

信息化共享机制还突破时空限制，使档案信息资源能够快速检索和远程利用。用户能够随时随地通过互联网访问所需档案信息，从而扩大档案信息资源的服务范围，提升其社会价值。同时，该机制通过网络平台将档案信息资源推送至更广泛的用户群体，增强档案信息资源的传播力度和普及程度，有助于提升公众对档案信息的认知和利用能力。

在保障档案信息安全与完整方面，信息化共享机制同样发挥着重要作用。通过采用先进的数据加密、用户认证及访问控制等技术手段和管理措施，该机制确保档案信息在共享过程中的安全性与完整性，为档案信息的长期保存和可持续利用提供了坚实保障。

（二）档案信息资源信息化共享机制的实践

第一，建立和完善档案信息资源数据库是实施信息化共享机制的基础工作。通过对档案信息资源进行数字化处理，建立档案目录数据库和档案全文数据库，为档案信息的共享提供坚实的数据支撑。

第二，制定统一的档案信息资源管理标准是确保信息化共享顺利进行的关

键。这包括制定档案数字化标准、档案数据交换标准以及档案信息安全标准等，以确保档案信息资源在共享过程中的规范化和标准化。

第三，构建档案信息资源共享平台是实施信息化共享机制的核心任务。通过运用云计算、大数据、物联网等现代信息技术，建立高效的技术支撑平台，实现档案信息资源的统一管理和高效利用。

第四，加强档案信息资源的安全保障也是信息化共享机制实施中不可忽视的一环。通过采取数据备份、病毒防护、用户权限管理等有效措施，确保档案信息资源在共享过程中的安全性和完整性。

第五，推动档案信息资源的开放获取是信息化共享机制的重要目标。通过政策引导、资金支持以及宣传推广等手段，鼓励和引导档案部门积极向社会公众提供开放获取的档案信息资源，实现档案信息资源的最大化利用和社会价值的充分发挥。

第三节　档案信息资源的数据库建设

一、档案信息资源数据库建设的优势

数据库是一种存储和管理数据的系统，它能够存储大量的信息，并且能够快速检索和查询。档案信息资源数据库建设，即借助互联网技术，对于其他组织及单位的档案资源信息根据不同题材及作用，进行整理归纳形成档案信息资源集合，并将这些档案信息资源通过信息化技术以及计算机设备进行提炼及加工，将其转化为数字化数据，以图像、视频以及音频等数据形式将档案资料储存于信息化介质中。因此，整个档案信息资源数据库建设工作具有数据录入、数据统计、数据分析、数据检索浏览以及数据下载等信息化功能。

根据档案信息资源开发程度以及档案信息资源储存方式的不同，档案信息资源数据库可以分为目录数据库、资料全文数据库、文献数据库、多媒体数据库以及数值数据库等形式，与传统的档案信息资源管理方式相比，档案信息资源数据库建设工作具有以下明显特征：

第一，档案信息资源数据库建设工作具有多元化特征。可以通过信息化技术将档案信息资源转化为目录、图像以及视频音频等多种类型进行保存，具有内容广泛、形象直观以及信息来源广等优势，使得档案管理工作朝着多元化方向发展。

第二，档案信息资源数据库建设工作具有系统性特征。通过信息化技术对档案信息资源进行储存管理，相关人员可以通过搜索目录或者关键词等方式对相关档案信息资源进行搜索或查阅，便于档案的查阅及利用工作，使档案管理工作以及档案利用工作更加方便快捷。

第三，档案信息资源数据库建设工作具有针对性特征。在建设档案信息资源数据库的同时，相关人员通常会将具有相互关联的数据信息进行提炼、总结及归纳，从而将比较散乱的档案信息资源进行分类整理。这样不仅有利于档案信息的整理及分类工作，同时，也方便了相关人员对于档案信息资源信息的查阅及浏览。

二、档案信息资源数据库建设的意义

（一）标志档案信息化水平显著提升

通过档案目录数据库建设，建立档案目录中心，实现对档案信息的集中管理和高效检索，从而显著提高档案管理的效率和质量。档案目录数据库的建设不仅方便了档案的查找利用，还实现了档案信息的资源共享，成为档案信息化建设最早、最直接获得的成果。同时，档案信息资源数据库建设也不断增强档案工作者对档案信息化的认识和信心。实践证明，档案信息资源数据库建设的规模和质量不仅是档案信息化的核心任务，也是衡量档案信息化水平的重要标志。

（二）保障档案信息资源数据库建设的基础

档案信息资源数据库建设对于档案信息资源的整合和共享具有重要意义。归档文件材料属于一次档案文献，虽然具有原始性，但是无序的、分散的、非结构化的档案信息，难以形成资源优势，不便于集中管理和广泛共享。档案目录数据库建设的实质是通过对档案内容和形式特征的分析、选择及记录，采用数据库管理技术，将档案著录信息输入计算机系统，形成二次档案文献，即结构化的档案信息。这样的做法可以有效提高档案信息的丰裕度、凝聚度、集成度、融合度、共享度、适用度和价值密度，降低其失真、失全、失效和失密的风险，从而形成档案资源体系，提升档案信息化的综合实力。

（三）有助于开发利用档案信息资源

档案信息化的主要目的是将对档案的实体管理转变为对档案信息的管理，也即对档案内容的管理，这是信息技术的优势所在，也是传统管理最大的难点。建设档案信息资源数据库，有利于加快推进档案信息资源的整合和共享，使档案信息真正成为优质资源和共享资源；有利于信息技术和大数据技术应用，促进档案信息的资源体系、服务体系和安全体系建设；有利于最大限度地发挥档案价值，从而为档案信息资源的开发利用创造有利的条件。没有档案信息资源数据库，档案信息化就是空中楼阁，流于形式。

三、档案信息资源数据库建设的完善路径

（一）转变思维观念，促进数据库的建设与使用

对内部，定期考核员工的专业管理水平，考核不合格的督促改进，让员工时刻保持警惕，对档案管理工作水平的提升更加上心，提高员工的档案管理专业水平和综合素养。

对外部，引进有管理经验、专业技术的高素质人才，打造一支强有力的信息化档案管理复合型人才队伍。在全国建立起统一的信息化管理标准，才能对现有档案管理存在的弊端进行有效的整合，让信息化档案管理更加标准。国家应依据有关法律法规和行政机关的力量，制定实施有效的标准化档案信息化管理业务流程，让档案管理工作人员严格按照标准来开展工作，打破档案标准不统一的局面。

加快档案信息资源数据库的建设工作，必须转变相关人员的思维观念，使相关人员树立先进的时代发展观念，破除传统档案管理工作思维的束缚，将网络化、信息化技术作为档案管理工作的主要工作方式，真正促进档案信息资源数据库的建设工作。首先，可以加强对于相关工作人员的宣传工作及普及工作，使相关人员可以清晰地知晓档案信息资源数据库建设工作的优势及先进性；其次，对于相关人员进行专业的技术培训，使相关人员的工作思维观念发生转变，促进相关工作人员档案管理工作思维的转变，从而做出更加科学的工作决策。

（二）丰富及完善数据库的功能及作用

随着信息化社会的不断发展，过去的信息化档案管理安全防范工作已经不适应当今社会发展的要求。强化新型信息化管理安全防范技术的研发、引进及应用，更好地保证信息化档案管理的安全，使其更好地发挥作用，促进档案管理现代化的健康发展。建设档案信息资源数据库是一个复杂的系统性工程，涉及档案信息资源数据库的设计、功能制定、数据接口选择等一系列工作，在档案信息资源数据库的初步雏形建设完成后，还需要重视档案信息资源数据库的信息加工工作，其中包括了档案的分类以及档案目录的制定等一系列工作。

随着网络信息技术的发展，需要提高我国的信息化档案管理的安全保障措施，促进信息化档案管理安全防范技术的发展。因此，需要在工作之中，加强对于专业技术人员以及专业技术人才的培养工作，在培训过程中，既要考虑到当前工作的实际需要，又要对未来的发展工作进行展望，培养具有丰富的专业信息化技术知识，同时熟悉档案信息资源数据库建设工作各个环节操作流程，又具有长远眼光的优秀的档案管理人员，使得相关人员可以参与到档案信息资源数据库开发建设工作的各个环节之中，促进建立功能完善、高效运行的档案信息资源数据库。

（三）加大数据库建设力度，提供工作保障

随着信息化时代的到来，人们的工作生活更加方便快捷的同时，也面临着全新的挑战，随着信息化设备的普及，网络黑客的出现给档案管理工作带来全新的

挑战，因此，无论是档案管理工作还是档案信息资源数据库的建设工作，都应加大建设力度以及工作力度，建立健全信息化档案管理的安全保障系统，加强档案信息受理程序，聘请专业人才管理信息化档案，确保其安全。档案管理系统须采用正版的杀毒软件，才能在工作时避免木马病毒的攻击，制定符合实际且具有约束力的信息化档案管理制度，落实到档案管理的每个环节中。档案管理机构可以制定赏罚分明的政策，在工作过程中没有发生过错误的，可以进行奖励；而对于出错的员工，进行指正，让其在管理工作中更加小心仔细，让安全保障系统更加安全可靠。

第一，加大对于档案信息资源数据库的建设以及档案管理人员培养工作所需的资金投入，使得档案管理工作以及档案信息资源数据库建设工作保持充足的资金支持。

第二，强化档案信息资源数据库的建设工作，从技术层面保证档案信息的安全。其一，设置电子档案信息纳入权限，防止非工作人员对档案信息进行非法操作。其二，对档案信息进行加密存储，保障档案的安全性及真实性。其三，对重要档案进行定期备份，防止由于意外导致档案的丢失，更好地加强了档案管理工作建设，确保档案信息资源数据库建设工作更加安全可靠。

四、档案信息资源数据库建设的不同类型解读

（一）档案目录数据库建设

档案目录数据库是存储在计算机内，使用数据库管理系统组织管理的档案目录数据集合。档案目录数据库的建设主要包括档案目录数据库的结构设计、档案文件的著录标引和著录信息录入等工作。

1. 档案目录数据库的结构设计

档案目录数据库的结构设计主要包括选择档案著录项目和确定著录项目的数据格式两个方面。

（1）选择档案著录项目。档案著录项目是根据《档案著录规则》等标准规范确定的，包括必要项目和选择项目。在构建档案目录数据库时，可以根据实际

需要增加一些新的著录项目。

（2）确定著录项目的数据格式。数据格式具体规定每个著录项目的数据类型和字段长度，这使数据库管理系统所管理的数据对象是结构化的。

2. 档案文件的著录标引和著录信息录入

档案文件的著录标引与著录信息录入，作为档案目录数据库建设的核心环节，不仅关乎档案信息化建设的成功与否，更直接影响到档案信息的检索效率与利用价值。这两项工作虽在形式上有所区分，但在档案信息系统的实际运作中，却常常相互交织、相互促进，共同推动着档案信息化建设的步伐。

（1）深化对档案著录与数据录入工作重要性的认识，切实增强操作人员的责任意识。档案目录数据作为档案信息化的基石，其质量和规模直接影响着档案信息的利用价值。因此，提升操作人员的专业素养、明确工作职责、完善考核机制显得尤为重要。加强操作人员的培训和教育，使其深刻认识到档案著录与数据录入工作的重要性，掌握正确的操作方法和技巧，以高度的责任感和敬业精神，确保档案文件著录标引与著录信息录入工作的精准执行。

（2）严格遵循国家规范，科学设计数据库结构。档案信息化建设是一项系统工程，需要遵循国家相关标准规范，确保档案数据的一致性、准确性和规范性。在档案数据库建设中，依据国家相关标准规范，结合本行业、本专业、本单位的实际情况，制定切实可行的标准和规范，为档案数据库建设提供坚实支撑。同时，在档案信息系统的开发与数据库结构设计中，严格执行相关标准和规范，避免设计的盲目性和随意性，确保档案数据结构的科学性和合理性。

（3）充分利用技术手段，提升数据录入的速度与质量。随着计算机技术的快速发展，我们已经具备了提升数据录入速度与质量的技术基础。在档案文件的著录标引与录入工作中，积极引入先进的技术手段进行辅助，如自动化录入、智能识别等。通过采用这些技术手段，可以减少人为录入的错误率，提高录入效率，同时降低劳动强度，提高工作效率。合理的数据结构能够提高数据的存储和检索效率，为后续的档案信息利用提供便利。因此，在数据库建设中，严格控制数据结构定义，避免自定义功能的滥用导致的数据定义混乱。此外，利用计算机智能进行数据的自动录入，如自动生成档号、序号、部门号、库位号等，以减少人为录入错误，提高录入效率。

（4）注重档案著录信息与档案特征的一致性。在档案著录与数据录入工作中，确保著录信息准确反映档案的特征和内容，避免信息失真或遗漏。为此，采用代码录入的方式，对档案特征进行标准化描述和编码，以确保著录信息与档案特征的一致性。这不仅可以提高检索的准确性和效率，还可以为后续的档案信息分析和利用提供有力支持。

（二）档案全文数据库建设

档案全文数据库是存储、组织管理数字化档案信息的数据库系统，包括档号、题名、责任者、正文、形成时间、密级、保管期限、载体、数量、单位、编号等著录信息和档案的内容信息。档案全文数据库具有获取、存储和使用不同类型、不同格式的档案信息，按照确定的数据结构有效组织大量分布式的不同类型、不同格式的电子文件或扫描件，并为之建立有效的检索系统，快速、正确地实现跨库访问和检索，对全文信息的访问和使用进行许可、控制和监督等授权管理，能够在网上发布全文数据库数据，集成支持全文数据库管理的各种技术等功能。

档案全文数据库构建的过程主要包括数据的采集、数据预处理、数据检索和数据维护等步骤。

（三）档案多媒体数据库建设

档案多媒体数据库是对文本、图像、图形、音频、视频等媒体数据进行统一管理的数据库系统，具有良好的交互性，输出的多媒体文件形象直观，图文并茂，能真实生动地还原历史记录。

建立档案多媒体数据库的步骤包括收集和采集来自各种档案信息源的多媒体信息，按照多媒体档案的整理规则，对多媒体电子文件进行整理，形成档案多媒体目录数据库，将整理后的多媒体档案挂接到档案多媒体目录数据库中等步骤。

多媒体档案与档案多媒体目录数据库的挂接方法主要有基于文件方法和二进制域方法两种。基于文件方法是将独立存储于计算机载体中的多媒体档案的名字与位置存入档案多媒体目录数据库相应的记录中，而不是真正将档案存储在目录数据库中。二进制域方法是把多媒体档案实实在在地存放于目录数据库中的 BLOB 字段①中，该字段能存储大文件。在使用二进制域方法时，需要采用一些技术手段来弥补其缺陷。

（四）分布式档案信息资源数据库建设

随着信息技术的飞速发展，档案管理也迎来了从传统模式向现代信息化转型的关键时期。在这一过程中，分布式档案信息资源数据库（以下简称"分布式数据库"）的建设显得尤为重要。它不仅能够整合全国各地的档案信息资源，实现资源共享，还能提高档案利用效率，促进文化传承和创新。

1. 分布式数据库的建设方法

分布式数据库的建设是一个系统工程，需要采用科学的方法论指导实践。目前，主要有两种建设方法：①自顶向下。自顶向下的方法强调从宏观角度出发，进行全面规划和设计。②自底向上。自底向上则侧重于从现有数据库出发，通过集成和优化实现分布式数据库的构建。结合我国档案信息化的现状，采取两种方法相结合的方式进行建设。

（1）分布设计。从国家层面进行顶层设计，确立统一的建设目标和标准。在此基础上，根据不同地区档案馆的实际情况，进行数据的分片设计和片段位置的分配。例如可以将档案信息按照地域、时间、类别等维度进行划分，确保每个档案馆都能在分布式数据库中找到自己的位置。

（2）异构数据库集成。由于各地档案馆使用的数据库管理系统可能存在差异，因此需要进行模式翻译和模式生成，将异构数据库转化为统一的中间模式。这一过程需要遵循国家档案局发布的相关技术规范，确保数据的准确性和一致性。

2. 分布式数据库的建设内容

（1）资源建设。这是分布式数据库的基础。加强存量档案的数字化工作，同时推进增量档案的电子化。具体来说，可以建设档案目录数据库、档案全文数据库和多媒体档案信息资源数据库，以满足不同用户的需求。在建设过程中，要统

---

① BLOB 字段是指二进制大对象，用来存储大量文本数据。

一档案著录标准，开发档案数字化系统和电子档案接收系统，并根据实际情况进行数据库资源的连接和集成。

（2）平台建设。分布式数据库共享平台是实现资源共享的关键。平台应具备强大的数据处理能力、高效的检索功能和友好的用户界面。在构建过程中，可以借鉴金融行业的分布式数据库应用经验，如中国人民银行发布的分布式数据库金融行业标准，确保平台的高安全性和高性能。

（3）保障体系建设。为了确保分布式数据库的稳定运行和可持续发展，需要从法规制度、标准规范和安全保障三个方面建立健全的保障体系。首先，完善相关法规制度，为数据库建设提供法律支持。其次，制定统一的标准规范，包括档案信息资源数据库建设标准、档案信息管理标准和档案信息安全标准。最后，制定安全保障策略，包括数据库内部环境的保障和外部环境的保障，确保数据库的安全和可靠。

总之，分布式档案信息资源数据库的建设是一项长期而复杂的任务，需要政府、档案馆、信息技术企业和社会各界的共同努力。通过科学的设计方法、合理的建设内容和完善的保障体系，构建一个高效、安全、可靠的分布式数据库，实现全国档案信息资源的整合与共享。这不仅有助于提升我国档案信息化水平，还能为社会公众提供更加便捷、丰富的档案信息服务，推动文化遗产的保护与传承。

第四节　档案信息资源开发利用的实践

一、档案信息资源开发利用带来的效益

（一）经济效益

第一，提高政府决策效率。档案信息资源是政府决策的重要依据，通过对档案信息资源的有效开发利用，政府可以更加快速、准确地了解历史状况、政策演变和社会发展趋势，从而提高决策效率。高效的决策有利于推动社会经济的发

展，降低政府运行成本。

第二，促进企业创新发展。档案信息资源对于企业发展具有重要意义，企业可以利用档案信息资源了解市场需求、竞争对手和行业动态，为企业制定战略决策提供依据。同时，通过对档案信息资源的开发利用，企业可以优化内部管理，提高生产经营效益，实现创新发展。

第三，拓展档案服务市场。档案信息资源的开发利用有助于拓展档案服务市场，创造新的经济增长点。例如档案信息资源数字化、档案信息咨询服务、档案文化产品开发等，都可以成为档案服务市场的重要组成部分。此外，档案信息资源的开发利用还可以带动相关产业的发展，如信息技术、文化产业等。

第四，降低社会交易成本。档案信息资源的开发利用可以降低社会交易成本，在社会经济活动中，档案信息资源作为信任的基石，可以减少交易双方的信息不对称，降低交易风险。这有利于优化社会资源配置，提高社会经济效益。

（二）社会效益

第一，传承历史文化。档案是历史的载体，档案信息资源的开发利用有助于传承历史文化。通过对档案信息资源的挖掘和研究，可以揭示历史的真实面貌，传承优秀传统文化，弘扬民族精神。这对于增强民族凝聚力和文化自信具有重要意义。

第二，促进知识传播与创新。档案信息资源是知识的宝库，档案信息资源的开发利用，可以促进知识的传播与创新。档案信息资源可以为学术研究、技术创新、教育培训等领域提供丰富的素材，推动社会知识的积累和传承。同时，档案信息资源的开发利用还可以激发社会创新活力，促进社会进步。

第三，保障公民权益。档案信息资源的开发利用，有助于保障公民权益。档案信息资源可以为公民提供法律凭证、权益保障和信息服务。通过对档案信息资源的有效开发利用，可以提高公民的法律意识和权益保障能力，促进社会公平正义。

第四，提升国家软实力。档案信息资源的开发利用，有助于提升国家软实力。档案信息资源是国家文化的重要组成部分，通过对档案信息资源的开发利用，可以展示国家的历史底蕴、文化魅力和发展成就，提升国家在国际舞台上的影响力。

二、档案信息资源开发利用的优化措施

（一）加强档案信息资源的基础建设

档案信息资源的基础建设包括档案馆的建设、档案人才的培养和技术设备的更新。档案馆是档案信息资源的主要载体，其建设水平直接影响到档案信息资源的质量和安全性。因此，应加大档案馆建设的投入，提高档案馆的硬件设施和软件环境，确保档案馆能够满足档案信息资源的存储、保护和利用需求。

档案人才的培养是档案信息资源开发利用的关键。应加强档案人才的选拔和培养，提高档案人才的业务素质和专业能力，使其能够适应档案信息资源开发利用的需要。同时，还应加强档案人才的职业道德教育，提高档案人才的职业责任感和使命感。

技术设备的更新是档案信息资源开发利用的重要保障。应积极引进和应用先进的技术设备，如数字化扫描设备、电子档案管理系统等，提高档案信息资源的处理效率和利用率。同时，还应加强技术设备的维护和管理，确保技术设备的正常运行和信息安全。

（二）优化档案信息开发利用的社会环境

档案信息资源的开发利用需要良好的社会环境支持。政府应通过政策引导和资金支持，鼓励企业和机构积极参与档案信息资源的开发利用，形成良好的社会氛围。例如可以设立专项资金支持档案信息资源的开发项目，或者通过税收优惠等政策鼓励企业投资档案信息资源的开发利用。

此外，还应加强档案信息资源的法律法规建设，明确档案信息资源的权属关系和利用规则，保障档案信息资源的合法权益。同时，还应加强对档案信息资源开发利用的监管，防止档案信息资源的滥用和侵权行为。

（三）提高档案信息资源开发的主动性

档案信息资源开发的主动性是档案信息资源开发利用的关键。应破除开放利用的危险论和档案信息无用论，树立保管与利用并重的态度，主动向社会提供档案信息服务。例如可以主动开展档案信息资源的推广和宣传活动，提高公众对档案信息资源的认知度和利用意识。可以主动参与社会热点事件和历史事件的档案信息资源整理和发布，为社会提供及时准确的历史资料和参考资料。

此外，还应加强对档案信息资源开发利用的规划和引导，明确档案信息资源开发利用的目标和方向，推动档案信息资源开发利用的深入发展。

（四）加强档案信息资源的推广和宣传

档案信息资源的推广和宣传是档案信息资源开发利用的重要环节。应通过媒体宣传和教育活动，提高公众对档案信息资源的认知度，促进档案信息资源的广泛利用。例如可以利用电视、广播、报纸等媒体宣传档案信息资源的重要性和价值，提高公众对档案信息资源的关注度和利用意愿。可以开展档案信息资源利用的培训和教育，提高公众对档案信息资源的利用能力和水平。

此外，加强档案信息资源交流和合作，与其他档案馆和图书馆等机构建立合作关系，共同推广和利用档案信息资源，实现档案信息资源共享和互补。

三、档案信息资源开发利用的高质量发展

档案信息资源开发利用正在从传统的"模拟态"和"数字态"向"数据态"转变，并经历着从早期的"数量导向"到新时代的"质量导向"的变革。"档案信息资源的开发利用应积极主动适应中国式现代化的时代大背景，推动其中的理念、主体、内容、方式、保障和督导的现代化，以此更好贡献档案力量、助力中国式现代化的各地实践、各单位实践不断向前行进。"[①] 如今，档案信息资源开发利用建设是档案事业的重要组成部分，新时期档案信息资源开发利用的大量形

---

① 赵颖. 中国式现代化下档案信息资源的开发利用［J］. 兰台内外，2023（30）：48.

成并急剧增长，成为档案信息资源开发利用建设的重要内容。

档案信息资源开发利用高质量发展是指保障档案信息资源开发利用来源可靠、程序规范、要素合规，确保档案信息资源开发利用数量丰富、质量优异、真实完整、安全可用，可作为高质量数据要素投入社会生产。档案信息资源开发利用高质量建设是一项系统工程，是一个长期、曲折和艰巨的过程，必须统筹推进、整体布局，必须注重档案信息资源开发利用建设与管理。

质量是档案存在并发挥作用的生命线，档案信息资源开发利用承载着社会记忆，必须满足高质量的要求。档案信息资源开发利用建设有其客观规律，也会经历由数量扩张到质量提升的跃迁，这种跃迁符合质量互变的唯物辩证法逻辑。数量代表了档案信息资源开发利用的总体规模，是档案信息资源开发利用质量的前提和基础；质量代表了档案信息资源开发利用的价值取向，是档案信息资源开发利用数量的必然推进。在不同的发展阶段，由于时代背景和社会需求不同，档案信息资源开发利用建设重心也各不相同。在档案信息资源开发利用建设的初级阶段，更多地表现为规模扩张，档案信息资源开发利用数量增长特征显著；在档案信息资源开发利用建设的高级阶段，单纯的数量增长已经很难满足用户需求，必须通过多元、精细、个性的资源内容才能更好地满足用户需求。

数据质量是档案信息资源开发利用管理、开放、共享利用的基础，对于提升管理水平、提高利用服务效果至关重要。大数据时代，档案信息资源开发利用总量呈爆炸式增长，与此同时，数据冗余、数据污染、数据失真、数据孤岛等问题越来越普遍，档案信息资源开发利用质量问题已经成为当前档案信息资源开发利用管理和利用中的重点和难点问题。

档案馆是档案信息资源开发利用的保管场所，收集和保管有价值的档案信息资源开发利用，而不是单纯的数据累积与集合，质量好坏直接影响到档案生命力的延续。经过几十年的建设，尤其是近年来随着档案工作的数字化转型，档案信息资源开发利用建设取得了长足进展，档案信息资源开发利用也日益丰富。

社会档案需求是档案信息资源开发利用质量建设的重要动力和方向。档案信息资源开发利用产生于社会实践，反映着社会实践，同时也受到社会发展的影响与制约，社会发展需要高质量的档案信息资源开发利用。

高质量档案信息资源开发利用助力国家治理。对于政府而言，掌握大量高质量的数据是提升治理能力的重要前提。政府是信息资源的主要拥有者，约80%的信息掌握在政府手中。高质量的数据资源不仅能提升治理效率，还能增强社会信任。

高质量档案信息资源开发利用增强社会信任。随着社会的发展，各类信任危机逐渐凸显，包括政府与民众之间的信任、市场主体之间的信任和一般社会成员之间的信任。在全球政府公信力受到普遍质疑的背景下，档案的信任修复功能受到政府的高度重视。档案与信任天生相连，为信任立言佐证。档案之所以能够被信任，是因为能提供真实、可靠、可信、有价值的信息。

高质量档案信息资源开发利用满足公众需求，我国社会主要矛盾已经转化为人民日益增长的美好生活需要和不平衡不充分的发展之间的矛盾。解决这一矛盾的关键在于实现高质量发展。当前，社会公众对高质量档案信息资源开发利用的需求越来越突出，多元化、精品化、个性化的利用需求日趋明显。

第五章 档案信息化建设中的人才培养与创新管理

●●▶ 第一节 档案人才的需求演变

随着社会信息化程度的不断提高，档案工作面临的挑战和机遇并存，对档案人才的需求也随之发生变化。当前，档案人才需求呈现多样化、专业化的趋势，特别是向数字化、云存储、数据分析、合规性与安全性、自动化与智能化方向发展。档案服务机构对档案工作人员的需求特点在于能够熟练运用办公软件及熟悉档案整理办法，具备较强的业务能力和职业判断能力。同时，随着档案工作与信息技术的深度融合，档案人才还须具备一定的信息技术背景，以适应档案数字化管理的需求。

一、档案人才需求变化的原因

档案人才需求变化的原因主要是由于档案工作的数字化转型和社会对档案信息资源的重视程度提高所致。随着信息技术的发展，尤其是计算机技术、网络技术的普及，档案工作不再是传统的纸质档案管理，更多地涉及电子档案的处理和管理。这种变化要求档案人才不仅要有扎实的档案专业理论基础，还需要具备较强的文字写作功底、行政组织能力、办公软件操作技能等相关业务知识。此外，档案工作与社会发展的紧密联系，使得档案人才需求呈现出与时代发展相适应的特点。

二、档案人才需求的影响因素

第一，社会经济发展是档案人才需求的重要因素之一。随着经济的快速发展，各行各业对档案管理的需求也日益增长。企业、政府机构、社会组织等都需要对档案进行规范的管理和利用，以支持其运营和决策。因此，档案工作需求的增加直接导致了对档案人才的需求上升。此外，随着经济的全球化，跨国企业和国际合作项目的增多也对档案人才提出了更高的要求，需要具备跨文化交流和跨国档案管理的能力。

第二，科技进步对档案人才需求产生了深远的影响。信息技术的迅猛发展推动了档案工作的数字化转型。传统的纸质档案逐渐被电子档案所取代，档案信息的存储、检索和利用方式也发生了根本性的变化。这要求档案人才具备扎实的计算机技术和信息技术基础，能够熟练掌握数字化档案管理系统的操作和维护。同时，随着大数据、人工智能等先进技术的应用，档案工作也需要借助这些技术来提高效率和准确性，这也对档案人才的专业技能提出了更高的要求。

第三，政策法规的制定和实施对档案人才需求具有导向作用。如《档案法》的实施，不仅规范了档案业务外包的流程和标准，还明确了社会力量参与档案事业的合法性和地位。这为社会各界提供了更多参与档案事业的机会，同时也促进了档案人才市场的规范化发展。此外，政府还出台了一系列关于档案工作的政策文件，如档案数字化建设规划、档案人才培养计划等，这些政策为档案人才的发展提供了有力支持。

第四，教育培训的质量和效果对档案人才的需求具有重要影响。高校作为培养档案人才的主要阵地，其专业设置、课程设置、师资力量等直接关系到档案人才的培养质量和水平。同时，社会培训机构也在档案人才培养中发挥着重要作用，通过提供短期培训、技能提升课程等方式，帮助在职档案人才不断提升自身能力。这些教育培训机构所培养出的档案人才，将成为档案人才市场的重要供应来源。

第五，市场需求是档案人才需求最直接的影响因素。档案服务机构、企事业单位等作为档案人才的主要需求方，其对档案人才的实际需求和期待直接影响着档案人才市场的供求关系。随着档案工作的不断发展和深化，这些机构对档案人才的专业素质、能力水平、实践经验等方面都提出了更高的要求。因此，档案人才需要不断提升自身能力，以适应市场需求的变化。

三、档案人才需求的发展趋势

档案人才需求的发展趋势表现为对专业技能和经验丰富的人才需求持续增

长，尤其是在档案数字化管理方面。档案信息化人才建设方案分析表明，档案人才须具备信息获取、评价和使用的能力，遵守档案工作职业道德规范，具备良好的团队协作精神和创新思维。同时，档案人才的培养和发展策略也在不断调整，以适应档案事业的发展需求。具体表现在以下方面：

第一，专业技能要求提高。档案人才须具备较强的信息技术应用能力，掌握档案数字化处理、数据分析等技能。

第二，综合素质需求增加。档案人才须具备良好的沟通协调能力、团队合作精神、创新思维等综合素质。

第三，职业道德重视程度提高。档案人才须遵循职业道德规范，确保档案信息的安全、真实、完整。

第四，人才培养模式创新。高校和社会培训机构须根据市场需求，调整档案专业课程设置，加强实践环节，培养具备实际操作能力的档案人才。

第二节　档案学专业人才的信息化培养

一、档案学的特性

档案学专业是一门研究档案管理、档案信息化建设、档案信息资源开发利用等方面的学科。档案学专业的主要任务是培养具备档案管理、信息化建设、信息资源开发利用等方面知识和技能的高素质人才，以适应我国档案事业发展的需要。

档案学专业的主要课程包括档案学概论、档案管理学、档案信息管理、档案法律法规、档案技术、档案数字化、档案安全与保密、档案编目、档案检索、档案史志、档案与社会文化、档案管理案例分析等。这些课程旨在培养学生的档案管理理论素养、实践能力和创新意识，使其具备档案管理的专业知识和技能。

档案学专业的学生在学习过程中，不仅要掌握档案管理的基本理论和方法，还要了解档案信息化建设的最新技术和发展趋势。同时，要具备一定的计算机应用能力，掌握档案信息化的基本技能，能够运用信息化手段提高档案管理的效率和质量。

此外，档案学专业的学生还需要具备一定的英语水平，以便更好地与国际档案事业接轨，参与国际档案合作与交流。

二、档案学专业人才的信息化培养需求

在当前的信息社会中，档案作为原生信息载体，其重要性日益显现。为了更好地服务于社会，档案管理工作必须适应现代化信息技术的发展，重视档案管理人才队伍建设，加强档案信息化专业人才队伍建设。其中，档案学专业人才的信息化培养需求尤为重要。

第一，档案学专业人才需要具备扎实的档案学基础知识和专业技能。这包括对档案学的基本理论、基本方法、基本技能的深入理解，以及对档案学前沿理论和实践的掌握。同时，档案学专业人才还需要具备一定的计算机科学基础，了解计算机技术在档案工作中的应用，具备一定的计算机操作和应用能力。

第二，档案学专业人才需要具备较强的信息素养。在信息化时代，档案学专业人才需要具备运用信息技术进行档案信息处理和分析的能力，能够熟练运用各种档案管理软件，利用网络平台进行档案信息的共享和传播。同时，档案学专业人才还需要具备一定的信息安全和隐私保护意识，能够对档案信息进行有效的管理和保护。

第三，档案学专业人才需要具备较强的创新能力和实践能力。在档案信息化建设的过程中，档案学专业人才需要能够提出创新性的解决方案，能够对现有问题进行深入的研究和分析，能够将理论知识应用到实际工作中，解决实际问题。

第四，档案学专业人才需要具备良好的团队合作精神和沟通能力。档案信息化建设是一个系统工程，需要各个部门和人员的密切合作，档案学专业人才需要能够有效地协调各方资源，推动项目的顺利进行。同时，档案学专业人才还需要能够与不同的人员进行有效的沟通，保证信息传递的准确性和及时性。

三、地方高校档案学专业人才培养体系构建研究

"在新形势下，档案事业面临着机遇和挑战，档案事业的发展离不开档案人

才的培养，档案人才的培养是档案事业发展的重要基石。"① 档案教育是档案事业的重要组成部分，肩负着培养合格档案专业人才的重要使命，经过 70 多年的不懈探索与砥砺深耕，我国已形成全世界规模最大的档案学专业高等教育体系，有力支撑国家治理现代化与档案事业高质量发展。在回顾高校档案学专业发展历程的基础上，分析当前地方高校档案学专业培养体系构建对地方文化、经济等方面的重要意义，有利于形成高质量、可持续的体系模式。

（一）地方高校档案学专业人才培养体系构建的时代意义

1. 传承与保护地方历史文化

地方历史文化资源是指不同的地区在各自的历史长河中因独特的历史事件所生成的历史文化存在（包括物质存在和精神存在）。档案学作为一门关于文献保存、管理、研究和利用的学科，对于地方历史文化的传承与保护具有重要意义。无论是文字、图像还是声音记录的档案都反映了其产生时的社会文化与历史背景。档案串联起整个历史脉络，为人类提供展现既往历史的窗口。地方高校档案学专业培养体系，可以更加精准地对这些地方性的历史文化进行研究、整理和保存。地方历史文化也反映了一个地方的风土人情、风俗传统、历史变迁和社会发展，是构成一个地方特色的重要元素，也是吸引人们参与和体验的基础。通过地方高校的档案学专业培养体系，可以更好地挖掘、保护和传播地方性的文化资源，使之为社会所用，为文化产业提供支持。地方高校档案学专业培养体系的建设，不仅对档案本身有益，还对培养具有地方情怀、专业素养和创新能力的人才大有裨益。地方高校档案学专业人才培养体系构建有助于加强地方历史文化传承和保护的坚实后盾，为地方的繁荣发展做出贡献。

2. 响应地方社会经济发展需求

档案学是一个涉及信息管理、文化研究、历史研究和技术应用的学科。地方社会经济发展的过程中，人们对于信息的需求是巨大的。无论是政府决策、企业经营还是公众服务，都依赖大量、准确、及时的信息。而档案学专业培养出的人

---

① 李扬. 高校档案专业人才培养浅议 [J]. 档案时空, 2015（12）: 33.

才，能够对这些信息进行有效的管理、整理、提炼和利用，为地方的经济发展提供有力的支持。此外，随着经济的发展，越来越多的地方开始意识到其历史文化资源的价值。历史文化资源不仅给地方带来旅游收益，也为地方打造品牌、塑造形象，吸引外来投资和人才贡献力量。档案学专业培养的人才，能够对这些历史文化资源进行深入研究，找到其独特之处，为地方的文化产业发展提供专业建议和服务。地方经济的发展不仅是数字的增长，更重要的是其质量的可持续发展。档案学专业人才培养体系的构建，为地方经济的长远发展提供历史参考，为未来经济发展的决策提供有益的启示。地方高校档案学专业培养体系的建设，也是对地方社会经济发展的一种反馈。档案学专业人才既能为地方经济发展提供服务，又能给高校自身带来经费、项目和合作机遇，为推动学科的发展奠定基础。

3. 促进学科交融与理论创新

随着科技进步和社会发展，各学科的边界越来越模糊，多学科的交融成为学术研究的趋势。地方高校档案学专业培养体系的构建，为这一趋势提供有力的支撑，进一步推动学科交融和理论创新。

档案学本身就是一门综合性学科，它涉及文献学、历史学、信息学、管理学等多个领域。地方高校作为地方文化、历史和经济的推动主体，为档案学提供丰富的实践基础和研究对象。学科交融与理论创新相辅相成，学科的交融为理论创新提供新的研究视角、方法和工具，而理论创新又可以反过来推动学科的进一步交融。地方高校档案学专业培养体系正是这一过程的有力支持。其为学生提供跨学科的学习机会，也为教师和研究者提供跨学科的合作平台，使他们能够突破原有的学科架构，探索新的研究领域和方向。地方高校档案学专业培养体系的构建，也为学科交融与理论创新提供物质基础。地方高校通常拥有丰富的档案资源，这些资源不仅是档案学研究的对象，也是其他学科研究的宝贵资料。通过档案学专业的培养，档案资源得到更好的保护和利用，为其他学科的研究提供重要支持。

（二）提升地方高校教育品质与影响力

在当今社会，地方高校面临着与全国乃至全球学府竞争的压力，战略选择关键在于如何巧妙地利用自身地域的特色，结合各类学科的特点，打造具有竞争优势的专业。档案学作为一个与地域文化、历史紧密相连的学科，为地方高校提供一个独特的优势。

随着技术进步和档案管理方式的改进，档案学已不仅是对历史文献的保管和整理，而是涉及数字化、大数据分析、文化遗产管理等多个领域。地方高校通过加强档案学专业的培养体系，可以培养出更多适应现代需求的高素质人才，也拓展了其学术研究领域，与国内外的研究机构进行交流与合作。档案学专业的强化能够显著提高地方高校的教育品质。一方面，地方高校通过引进更多的优质师资，进行更多的学术研究，提高教育水平；另一方面，档案学专业的实践性和较强的应用性，使学生在学习过程中可以得到更多的实践机会，更好地将理论知识与实际操作相结合，从而提高毕业生的就业竞争力。在此基础之上，逐步增强地方高校的学科影响力。地方高校与政府、企业和文化机构进行合作，增强与社会的联系，提高其社会服务能力，也可以通过举办各种学术活动、交流会议等，与其他学校建立更多的合作关系，提高其学术影响力。

（三）地方高校档案学专业培养体系构建原则

1. 坚持以学科培养目标为导向原则

在信息化和数字化技术日益普及的现代社会，地方高校档案人才培养的时代价值变得更为凸显。为此，地方性的高等教育机构需要构建一个以明确的学科培养目标为核心的体系，从而最大化地利用教育资源并促进学生的全方位成长。

高校应结合地方的文化、经济和社会特点，明确档案学的定位与特色。这不仅能吸引更多学生选择档案学专业，还有助于培养满足地方需求的专业人才。教育更为关键的是培养学生的批判性思维、创新意识和团队协作精神。档案学核心素养是日后在档案学领域工作，乃至于在社会中持续学习和发展所必需的因素。

为了适应学科发展和满足地方需求，高校需要整合教育资源来开发和优化档案学课程。与此同时，还需要与行业和社会各界合作，引进实践教学和项目，进一步增强学生的实践和就业能力。培养策略需要持续地根据学生学习情况、就业市场变化和社会需求进行调整。以此可以确保档案学专业人才不仅在学科上有坚实的基础，还具备实践能力和创新思维。

2. 坚持以提高教学能力为本位原则

在当下的教育观念中，能力的培养被视为塑造高质量、应用型人才的核心。尤其对于地方性高校中的档案学专业，更须突破传统知识积累框架，进而强调学生的实际工作能力、创新思维及问题解决能力。首先，档案学专业人才培养体系不仅是关于理论的传授，它同样重视实践操作。因此，高校应致力于理论与实践双管齐下，通过丰富的实践教学，让学生掌握与应用知识。其次，鉴于档案学在信息化、数字化背景下面临的变革，培育学生的创新能力至关重要。高校积极开展创新实践活动，鼓励学生勇于探索和挑战，培养学生的创新思维。再次，随着社会经济的演进，档案学不再是一个孤立的领域，它与信息技术、管理学、法学等多个学科交织融合。档案学的教育中融入跨学科的元素，使学生不仅精通档案学专业，还能灵活应用其他学科理论。最后，地方高校须建立学生的持续能力监督系统，使教学策略始终与学生实际能力发展同步。围绕档案学专业人才培养体系，教师为高校提供关于教学效果的实时反馈，进而促使其调整教学内容和方法，真正实现以能力培养为核心的教学目标。

3. 坚持以培养实践能力为核心原则

地方高校在构建档案学培养体系时，必须紧扣档案学的应用特性，以实践能力的培养为首要目标。档案学不仅是研究如何管理、保存和检索档案的学科，更是一个广泛涉及社会运作和组织活动的综合学科。学生需要具备专业技能和适应社会市场的能力。

高校在进行课程规划时应注重实践内容，使学生能够将所学理论知识转化为实际技能，并在此过程中培养其团队合作、解决问题和创新的能力。此外，学校应与档案馆、行政部门及企事业单位搭建合作平台，为学生提供实习与实践机会，让其更深入地理解档案学的实际价值。高校在进行实践教学时，不应仅仅满足于提供实践场所。教师指导和反馈在此过程中起着至关重要的作用。他们为学生明确实践的目标、任务，并对其进行有效的反馈和评估，确保实践教学的真正效果得以体现。

除了常规的学科知识评估外，高校通过构建全面的实践能力评价机制，使学生的理论知识、实践技能以及团队合作精神等能够得到全方位的评估。

4. 坚持以发挥市场衔接为根本原则

档案学作为一门具备显著应用特征的学科，对学生的要求不仅在于扎实的理论基础，更在于能够快速适应行业实际工作环境的能力。因此，地方高校在设立档案学专业时，必须深入思考如何与行业实现紧密结合，以满足行业的实际发展需求。

为实现教学内容与行业发展的同步，高校应当与企事业单位保持持续的沟通与合作。随着科技的飞速发展，行业的实践方法和理论知识不断更新，只有通过深度的行业合作，高校才能及时调整课程设置，确保学生所掌握的技能和知识能够符合当前行业的标准。

此外，紧密的行业合作还能够为学生提供宝贵的实践机会。通过与企事业单位合作，学生可以身临其境地参与实际工作，从而在实践中不断提升自己的能力，为未来的职业生涯奠定坚实的基础。

同时，行业与高校之间的紧密衔接对学术研究也具有重要意义。教育工作者可以依据行业的实际需求确定研究方向，而行业则可以从高校的研究成果中获得新的启示和帮助。这种有机结合不仅有助于提升高校的教育质量，还能够增强高校的社会影响力。

高校作为人才培养的摇篮，其目标不仅在于传授知识，更在于培养出能够为社会做出贡献的优秀人才。因此，坚持市场衔接原则，加强与行业的合作与交流，是地方高校档案学专业发展的必由之路。

（四）地方高校档案学专业培养体系构建的优化路径

1. 确立培养目标，优化学科课程结构

地方高校在构建档案学专业培养体系时，首先需要明确其培养目标，从而为整个教学体系提供明确的指导方向。确立培养目标并非简单地设定一个远大的理想或一个笼统的方针，而是需要细致地考虑地方的实际需求、学校的资源和特色、学生的期望与能力等多方面的因素。档案学专业培养目标要求培养具备档案学基础理论知识，掌握现代管理知识、信息技术和档案管理专业技能，适合在各级各类档案部门、信息部门、文秘部门从事文件管理、档案管理、信息管理、秘书工作的复合型、应用型和创新型专门人才。

优化学科课程结构是为了确保学生能够系统地、有针对性地获得所需的知识和技能。基于培养目标，高校需要细分课程内容，确保从基础理论到高级实践技能所有重要的领域都得到涵盖。同时，课程内容也需要与时俱进，反映档案学领域的最新发展趋势。为了确保教学效果，高校还需要建立一个完整的评估与反馈机制，定期检查培养目标是否得到实现，课程内容是否满足学生和社会的需求。基于这些反馈，高校可以不断调整和完善培养体系，确保其始终保持高效性、针对性和前瞻性。

2. 整合地方资源，加强师资队伍建设

地方高校作为一个区域性的教育机构，其独特之处在于能够直接与当地的资源和文化相连接。为了更好地构建档案学专业的培养体系，高校需要充分挖掘和整合地方资源，同时加强师资队伍的建设，确保教育质量和实效。地方资源包括地方的档案馆、文化机构、历史遗迹、企业和政府部门等。通过与相关机构建立紧密的合作关系，为学生提供丰富的实践机会，让其在实际工作中应用所学知识，获得宝贵的经验。同时，地方资源也为教学提供丰富的案例材料。

地方的文化和历史也可以作为教学内容，帮助学生更好地理解档案学的文化意义和社会价值。充分利用地方资源离不开高水平的师资队伍，当下师资队伍结构面临着学历结构、职称结构与学院结构的要求，新时代档案学师资队伍还需要吸收容纳更多精通业务、熟悉 IT、善于激励创新和具备强烈的数字化转型使命感的中青年教师。同时，高校与地方档案馆和文化机构合作，邀请实践经验丰富的专家和管理者作为客座教授或兼职教师，为学生提供实践的操作指导。

3. 加强社会合作，打造人才实习基地

对于任何专业的学生而言，理论知识与实践技能的结合至关重要，尤其是对于档案学这种涉及大量实务操作的学科。地方高校为了更好地培养档案学专业人才，应该给学生在校学习期间提供充足的实践机会。而加强与社会的合作，打造人才实习基地，正是实现这一目标的有效途径。地方高校可以与地方的档案馆、文献中心、博物馆、历史研究机构等建立深度合作关系。社会企业是学生实践的重要资源。地方高校为学生提供丰富的实习、实践、研究机会，使学生在真实的工作环境中应用所学知识，提高自己的实践能力。

除了公共机构，地方高校还可以与当地企事业单位建立合作关系。现阶段，档案管理在企业发展的重要性日益凸显，尤其在信息化、数字化的背景下，档案管理与大数据、信息技术等领域紧密结合。学生到这些企业实习，不仅提升了档案专业人才的实践技能，又能了解到档案管理在现代企业的实践应用，为将来的职业生涯打下坚实的基础。为了确保实习效果，高校还需要与合作机构共同制订实习计划、评价体系和反馈机制。

4. 推进行业联动，促进学科健康发展

地方高校在培养档案学专业人才时，除了注重教学内容、师资队伍和实习基地的建设外，还应认识到学科发展的持续性和稳定性与整个行业的发展是紧密相关的。为了确保档案学专业长远、平稳地发展，高校需要与相关行业建立紧密的联动关系，实现资源共享、互补合作，推动学科与行业共同进步。行业的发展趋势和需求应作为高校调整教学内容、设定培养目标的重要参考。随着信息化、数字化技术的不断发展，档案管理也经历了时代的革新，给予档案学专业人才培养新的挑战。

高校应与行业市场、领军企业、档案管理机构等进行深度合作，了解档案学科最新技术、管理方法和未来趋势，及时调整培养方案，使学生所学内容与行业需求保持同步。高校与社会行业的紧密结合，为学生提供更丰富的就业机会。譬如高校与企事业单位、协会等建立稳定的合作关系，可以为学生提供实习、就业、进修等多种机会，帮助学生更好地融入行业，开展职业生涯。同时，为行业提供持续、稳定的人才供给，推动行业的持续发展。行业联动不仅是一种资源共享和合作的关系，更重要的是一种互补和共赢的伙伴关系。高校应积极探索与行业的多种合作模式，如产学研合作、校企联盟、双向交流等，使双方资源得到最大化利用，实现真正的互利共赢。

四、基于产教融合的档案学专业人才培养研究

产教融合旨在实现社会实践与教学活动的紧密结合，通过多样化的合作模式

构建紧密的联系与互动，进而推动双方的共同发展，实现学术性与职业性的深度融合。对现有研究进行综合分析可知，普通高等学校在深化产教融合方面所付出的努力，对于我国高等教育的进步、专业人才的培育以及产业结构的优化升级均有重要意义。同时，这也为解决我国高等教育同质化现象以及学生就业难问题提供有效的途径。基于产教融合视角，针对高校档案学专业人才培养，特提出以下建议：

（一）提高师生对产教融合的思想认识和参与能力

大力提升专业学位研究生教育质量。推动档案学专业产教融合的深化，需要转变档案学专业在校师生对于产教融合的认知。档案学作为实践性较强的学科，各高校应明确全面建设高水平应用型专业的目标，通过与产业部门合作，组织档案管理领域的专家讲座、师生参与主题讨论等形式多样的教育活动，从思想认识上帮助档案学专业师生明确产教融合在人才培养改革中的重要作用，为高校档案学专业产教融合持续推进营造更加良好的发展环境。档案学作为具有鲜明实践特色的专业，高校需要大力发展专业学位教育，加大专业硕士、专业博士等高层次应用型人才的培养，并通过开展专业学位教育来进一步加强档案管理实践部门与高校档案学科发展的融合能力，培养具有较强的专业能力和职业素养、能够创造性地从事实际档案管理工作的应用型专门人才。

（二）加大实践类课程的比重

随着大数据、人工智能等技术的广泛应用，档案学专业面临重大机遇和挑战，档案工作不再是简单的资料整理和保管，档案数据化、档案知识图谱、数字档案馆等都开始成为档案管理研究与实践的热点领域，加快档案学科发展与档案管理实践动向的深度融合变得越发迫切。为此，在推动高校档案学专业产教融合的过程中，需要加大实践类课程在该专业教学组织中的比重。培养单位可以在对档案领域实践部门深入调研的基础上，多维度评估社会对档案学专业人才的需求，并据此确定以应用能力培养为导向的实践类课程体系和学分。

高校档案学专业课程建设规划中可以通过课程模块的方式构建起完善的、可对接市场需求的"微专业群"，促进各个档案学"微专业"之间的交融、合作、拓展，形成较为完整的、相互支撑的学科专业体系，如把计算机语言、编程等课程模块列入档案管理技术群，对接实践部门提出的需要相关技术对档案进行管理的要求。总之，可依托相关学科的知识体系和技术能力来加强档案学专业实践类课程的布局，使之能够满足档案学专业人才所面向职业岗位的需要。

（三）完善高校档案学专业师资结构

加大聘用具有其他高校学习和行业企业工作经历教师的力度，教师的实践能力是档案学专业人才培养质量的重要影响因素，通过打造合理的兼具专业理论知识与较强实践能力的"双师型"师资队伍，可以在一定程度上化解各高校档案学专业实践型教师占比不足的问题。目前，一部分高校的档案学专业已陆续开始加大与各地区档案馆、档案企业的合作，建立起形式多样的教学科研合作基地，并依托其加大对专业教师的技能培训，鼓励专业教师与实践专家联合指导学生参加包括创新创业在内的各种实践类竞赛项目，以此来持续提高档案学专业教师的实践能力。此外，在师资队伍建设方面，高校档案学专业还可以制定相应的考评与激励办法，充分调动"双师型"教师投入教育教学实践，引导专业教师积极参与产教融合教学改革。

（四）丰富适应高校档案学专业人才培养的产教融合模式

在巩固实习驱动模式的基础上，不断提高项目嵌入模式、基地共建模式的应用比例。通过发展校友协同模式来促进产教之间的深度融合，以避免校政企等产教共同体在实际运行中出现路径不清等问题。建立校友协同模式不仅可以为档案学专业的人才培养拓宽经费来源，还可以邀请校友参与课堂教学，并结合其自身实践经历，对各高校档案学专业的培养方向定位、课程体系改革和人才培养模式等教学改革提出切合实际的意见，从而帮助各高校培养出更加符合实践部门用人要求的档案学专业人才。

（五）建立合理的产教融合评价机制

积极支持社会第三方机构开展产教融合效能评价，健全统计评价体系。可以从评价主体、评价范围等方面对档案学专业产教融合开展效果进行考察。

在评价主体方面，参与档案学产教融合评估的人员除本专业的教师外，还要适当增加其他与档案学专业相关的教师、实践专家、行业主管部门人员等，通过多个相关方来对档案学专业的教学内容、教学方式展开全面评价，减少课程设置的局限性，使产教融合更加顺利地实施。

在评价范围方面，要将对产教融合的评价贯穿于档案学专业人才培养改革的始终。例如在开展产教融合之前，要对档案学专业的师资、培养目标进行充分考察论证，加强应用型科研的比重，如社会服务、创新项目、横向课题以及学科竞赛等，引导教师积极投身教学实践活动，保障产教融合得以有效开展。

总之，构建科学、完善的高校档案学专业产教融合评价机制，需要注重考评方式的有效性和多样性，在全面系统地评价产教融合教学效果的基础上，对保持师生参与教学模式创新的积极性和主动性形成良性反馈。

五、基于岗位需求的档案学专业人才能力提升研究

(一) 档案学专业人才能力的构成

需要具有什么样的能力才可以成为专业人才，许多专家学者对于人才能力有自己的看法。在档案领域内，档案学人才需要具备一定的能力才能够胜任档案工作，而培养人才的专业能力和实践应用能力就是为档案事业培养有内涵的复合型人才，也是为档案事业的长远发展做准备。

1. 档案学专业人才能力的内涵

档案学专业人才主要指目前在校的档案学专业学生以及已经毕业开始从事相关档案工作的高学历人才，在档案工作的进行过程中，档案专业人才能力占据了重要的地位。

在档案相关部门进行工作时，要求档案学专业人才需要具备档案专业相关的专业知识与技能，知识与技能不仅仅包括档案学专业的知识，还需要信息技术等其他学科的知识，这就鼓励专业人员在保留传统的同时优化他们处理档案的能力和方法。档案工作被归类为"普通工作"，做普通工作的人都具有仔细、稳重等

特征，他们喜欢有组织有系统的工作。档案工作者与其他人有着相同的职业特点，但同时也有自己独特的特点。除了严谨的思维、服务意识和专业兴趣等档案工作者的个性特征外，档案工作者在工作中还表现出独特的专业素质，包括逻辑思维、写作能力等基本技能。

2. 档案学专业人才能力的培养方向

当今社会也对档案类的工作人员提出新要求，专业人才不仅需要具备本专业的专业知识，还需要具备多方面的素质，以此适应现代化科技与发展。

（1）自主学习能力的培养。在信息更新加快、国际竞争日趋激烈的背景下，中国积极倡导建立学习型社会，对人才的素质提出更高的要求。如今，高校档案学专业教学模式以线上和线下两种方式进行，而教师为了提升学生的热情就采取了一些多样化的教学模式和方法，希望能够让学生的自主学习能力不断提升，更新一下思想，提高一下行动力。包括设定学习目标、专注教学、使用有效的策略组织档案学专业的学生去档案馆、档案室实地考察，都是希望让学生多多反思，主动地去学习相关知识以匹配将来的档案工作。

（2）专业学习能力的培养。高校在培养人才的标准体系建设方面，不单单是停在书本上的理论知识，而是要落实到真正的实践来，根据不同专业的特点和要求，应该体现培养什么样的人的要求，体现人才培养理念，构建实用科学的人才评价体系，都反映了其整体的性质，不间断的学习技能能够探索理论与实践之间的内在联系，也可以注意到理论的发散性特征。它不仅丰富知识内涵，也丰富道德品质，更激活了自我学习的动力。

档案学专业的专业课不仅是知识传授和技能训练的载体，也是培养专业人才学习能力的重要途径。档案教育需要跟上时代发展的步伐，树立开放思维、共享思维、技术思维的思路，围绕档案资料的操作流程开展教学和研究。在此基础上，通过对现有的研究成果和新的政策规定，可以得出相关结论，目前从事档案行业的人才应具备最基本的素质：一是遵守国家法律法规、档案行业规章和档案职业规则的思想和自觉行动；二是需要掌握专业知识并能够熟练使用的能力；三是在档案工作中需要引入新的技术来应对目前的工作，这就比较考验档案管理人员的自身学习能力；四是要有探索精神，在档案工作中能够主动地解决问题；五是档案知识的基本学术能力。

（3）理论与实践相结合能力的培养。在今天的学科发展环境中，跨学科、可转移性和整合性是重要的趋势，档案研究不断吸收和消化其他学科，不断发展和创造新的研究领域。这需要理论教学和实践来应对这种变化。在档案学的本科教育阶段，采用的是教师在讲台上授课、学生在讲台下记录的方式，让学生充分了解什么是学科概况。通过在本科阶段的深入学习和思考，丰富知识基础。学生更加深入地理解档案学专业的信息挖掘以及为什么而存在。在进行硕士研究生教育时，可以发现这是一个新的学习阶段，考验学生的独立实践能力，在实践中，有必要培养发现、分析和解决问题的能力，不能仅仅满足于知识认知。无论档案学硕士今后是否从事档案相关工作，都是一种能力培养。一方面，在教学过程中，教师更注重理论知识的普及；另一方面，在实践中，也注重理论知识的运用，各个高校都为学生准备专业实习、专业实训这种能够让学生实践的培养模式。

（二）岗位需求导向下档案学专业人才能力提升路径

面对岗位需求，要构建完备的档案学专业人才能力提升体系，应建立起实践培训、业务技能培训、创新能力建设和社会实践的体系。例如，通过计算机实验和项目开发课程进行实践能力培养；通过档案观摩实习、文件归档实习和档案管理系统实习进行教学实习；通过深入细致的毕业实习对学生进行档案管理方面的创业技能教学和培训；从课程实习、教学实习和毕业实习中建立包括技能开发在内的三级实践实习体系。

1. 完善高校专业教育体系，提升岗位胜任能力

（1）强化专业教育，加强职业道德规范。许多大型档案馆具有其独特的专业优势，并且作为管理学研究领域的重要组成部分，可以为学生的思想形成提供坚实的基础，加强民族认同和共识建设，增强文化信任。

第一，强化专业教育是关键。档案学是一门涉及多个领域的学科，涵盖了档案管理、档案保护、档案利用等多个方面。因此，高校应加强对档案学专业学生的专业教育，注重理论与实践相结合，提升学生的专业素养和实践能力。此外，高校还应加强与其他学科的合作与交流，拓宽学生的知识面和视野，为培养具备

创新能力和实践经验的档案学专业人才奠定坚实的基础。

第二，加强职业道德规范也是必不可少的。作为管理学研究领域的重要组成部分，档案学专业人才应具备良好的职业道德素养。高校应加强对学生的职业道德教育，通过课堂讲解、案例分析、实践演练等多种形式，帮助学生树立正确的职业观念，培养高度的责任心和敬业精神。同时，高校还应加强与档案馆等用人单位的合作，共同制定和实施职业道德规范，确保档案学专业人才在工作中能够遵循职业道德，做到诚实守信、严谨细致。

第三，面对具有独特专业优势的大型档案馆，可以为学生的思想形成提供坚实的基础。档案馆作为重要的文化机构，承载着丰富的历史文化遗产和信息资源。通过与档案馆的紧密合作，高校可以为学生提供更多实践机会和实习岗位，帮助学生深入了解档案工作的实际运作和管理流程。同时，档案馆还可以为学生提供丰富的档案资源和案例，帮助学生更好地掌握档案学知识和技能，提升岗位胜任能力。

第四，加强民族认同和共识建设也是提升档案学专业人才能力的重要途径。档案作为历史文化的重要载体，具有独特的文化价值和历史意义。高校应加强对学生的文化教育，通过举办各类文化活动和讲座等形式，引导学生深入了解民族文化、历史传统和民族精神，增强文化自信和文化认同。同时，高校还应注重培养学生的跨文化交流能力，帮助学生更好地适应全球化背景下的档案工作需求。

（2）增设数智课程，锻炼实践创新能力。现代信息技术，如大数据、人工智能、云计算、区块链、5G、物联网、虚拟现实、移动互联网等，在档案管理中得到广泛应用，数字经济发展迅速，管理体制也发生了巨大变化。档案作为具有战略价值的信息资源，在促进中华民族伟大复兴的征程中发挥着不可或缺的作用。在大数据、人工智能和移动互联网等数字技术的支持下，高校已着手优化其档案管理系统并提升学生的档案管理技能，以适应时代发展的需要。

第一，新增大数据与人工智能等技术类课程。将大数据和人工智能作为通识教育课程将成为未来人文社会科学人才培养的趋势。在档案学课程体系重构中，应审查普通教育的计算机科学课程，并将大数据和人工智能的普通课程纳入人文和社会科学课程，以取代现有的计算机科学基础普通课程。此外，计算机科学、

Python 编程、计算机归档、数据伦理和档案数据管理等理论和实验课程也可以纳入专业课程中。上述专业课程的引入将为研究生阶段的计算思维教学提供坚实的技术基础，也将满足岗位的需要。同时还可以开展一些计算机应用相关的培训，提高自己对计算机等相关技术的使用熟练程度，进一步提高档案的应用能力。利用信息技术，档案信息可以以文字、照片、视频、专业图纸等多种形式存储，从而增强档案信息的全面性，更好地促进社会发展，节省物理存储空间，提高安全性。数据备份等专业工具可以保证重要的档案数据不丢失，如果想挖掘档案信息的价值，就可以通过现有的技术软件进行快速而全面的分析。因此，学习相应的技术运用，使其能够熟练、准确地操作档案信息，提高档案发展的工作水平和质量。

第二，删减不适应培养需求的"过时"课程。构建科学合理的课程结构是课程体系和教育内容改革的关键，也是培养专业档案人员的关键。档案馆课程的调整是对培养新一代的应用型人才的需要，要有更多的档案和信息导向的思维方式。在课程修订过程中，应遵循"整体优化"和"教学于一体"的基本原则，构建科学合理的课程体系和结构，尽可能地有利于人才培养，提高培训质量，促进人才培养目标的实现。课程体系的建设既要增加新的课程，也要对原有的部分课程进行调整，删除不符合档案学人才培养需要的课程。

（3）创新实践教学，提升专业操作技能。档案科学是一门实践和应用的学科，为了传授广泛的实用知识和技能，实践训练是必不可少的。因此，高等院校的档案学教育与培训应注重通过讲座与练习、实验与实训、课堂讨论与课外研究等方式将理论知识结合起来，通过独立研究和实训加深对档案管理工作的认识，培养实践研究能力。在培养实践能力的时候，可以依托一些比较权威的创新活动平台，组织学生参与到其中。

在学校学习的过程中，校方可以建立一个强大的档案建模和实践档案建设方案。模拟实际的档案管理工作环境，准备档案管理设施，为师生创造示范环境，帮助学生扮演档案管理人员的角色，开展整理、建设、维护、审查等工作。通过这一系列的活动，学生不仅可以获得丰富的情感体验，还可以加深对档案管理过程的认识和理解。在此过程中，学生将在教室和实际的档案管理工作环境中接受指导。这也旨在更为扎实、更完整的实践培训打下基础。学校也可以利用校内档案馆作为学生实践的基础。将理论与实践有效结合，强调在职学习，提高学生的实际操作能力。

与档案相关的理论和技术涵盖越来越广泛的学科，为创新留下很大的空间。由于档案固有的基本特征，创新基点是与相关学科相结合，进一步发展档案学的理论和技术。创新探索性实践的目的是通过发现档案管理中存在的问题，提高学生的发散性、具象性、联想性、各向异性等思维能力，激发学生的积极性这类实验不仅要求学生具备相对系统的档案学基础理论知识，还要求学生对信息技术等相关学科有一定的深入了解，但在有限的精力和时间下，期望学生掌握多学科的综合知识是不现实的。解决这个问题的办法是让学生了解档案的逻辑关系、工作原理和具体组织形式的过程，这样他们可以组织档案的内容，也可以提高发现问题和寻找创造性解决方案的能力，而不是用技术来解决各种问题。

（4）引入翻转式教学形式，塑造自主学习能力。针对目前的学习现状，许多教师利用互联网平台，为学生提供丰富的学习资源。虽然一些教育工作者发布预先录制的视频课程作为学习资源，但其他教育工作者更愿意使用知名的慕课（MOOC），通过在线学习的这种形式为学生提供丰富的知识。在线视频课程包括各种多媒体格式，如图像、音频和动画，以加强对学习材料的理解。重复的视频也可以加深学生对复杂点的理解，加强学生的学习。教师可以选择在传统教室进行课内链接，或者借助在线教育平台和班级小组功能组建项目组。在课堂上释放任务不仅可以丰富课内环节的教学形式，还可以提高学生的课堂兴趣。

在传统教学模式的课后环节，学生通常通过课后作业巩固学习内容，缺乏教师的课后交流和指导。在翻转教学模式中，在线平台和工具也被用于课外课程，以提高学生的最终学习成果。加强保持和转移，即持续保持学习和灵活使用内容。因此，学生必须进行"课后反思—知识扩展—认知训练"的过程，即回顾教师纠正过的学习内容，寻找相关材料来巩固学习内容，支持以灵活的方式学习和应用知识。因此，教师必须提供适当的支持。对于传统的学习模式，除了线下互动外，基于在线学习平台的在线互动发挥着更加重要的作用。在线互动不仅可以避免地域限制，还可以使用各种多媒体工具。为了实现知识的集中保留和转移，教师可以在早期课堂上扩展项目型任务。例如在档案整理和档案挖掘的整理学习模块中，教师可以引导学生思考如何运用相关知识来优化整理过程和挖掘过程，并将更好的结果推荐给其他学习小组，从而进一步锻炼学生的"大众创新"能力。

（5）建立科学的评估机制，保证专业教学效果。

第一，课程评估机制。课程评价是对研究生课程目标及其实现路径、方法和措施的系统评价，包括指标体系和测量手段（或数据收集手段），它监测并保证课程的质量。"教学评价"通过对态度、知识和技能质量的微观评价，关注教师的教学努力和教学效果；而"课程评价"通过对课程的中期评价，关注目标内容和课程实施过程、课程组织和考核。在研究生课程学习的培养环节，课程内容的质量和体系建设比教学方法的改革更为重要。为保证课程学习质量，高校还应结合教育部、省教育厅有关文件精神和学校实际情况，建立完善的课程评价体系、课程监督检查评价体系。学校可以组织专家定期对课程进行检查、评估和验收。通过跟踪检查课程内容的更新、在线教学资源的建设、教学团队的建设，学校可以掌握课程建设的信息，对学校课程进行增减校改等管理活动。通过动态管理，保证档案学专业课程建设的整体质量、建设效果和整体数量的平衡。

第二，学生评估机制。探索建立一个包括诚信、专业和能力等方面的档案工作者综合评估体系。首先，要以一个全新的评估方法，以综合素质为评估标准，开展跨领域考核，建立全方位的人才考核计划，加快形成规范、科学、正确的人才评价机制。注重德才兼备，职业道德和个人能力双管齐下，拒绝"唯才是举"的评价，在综合评价中坚持学术规范、工作业绩、职业道德和思想素质，坚决打击思想腐败和学术不端行为，同时也要注重对学科的评估。注重选拔人才的创新发展，鼓励优秀人才脱颖而出，加快人才个人评估标准建设，重点评估入选人才的创新能力和攻坚能力，不断提高档案人才高层次培养质量。

2. 探索多元合作人才培养机制，提升岗位适应能力

适应"大数据"时代的发展要求，仅仅依靠高校培养新的档案人才是远远不够的，因为很多岗位也要求档案人才具备一定的相关经验。

（1）探索地方档案局馆与高校合作培养模式。为了培养多元的档案学专业人

才，提高专业人才的就业率，可以通过地方档案局（馆）与高校的合作培养人才模式，这样既可以保证就业率也可以让档案学专业的学子们直面岗位，可以增长一些实践经验。各地各市档案馆（局）要发挥好桥梁纽带作用，准确把握培养档案实用型人才的目标定位，提供实用人才，支持高质量档案的发展。要发挥好馆、校、企各方作用，合力办好选修班；为学生树立正确的就业观，使学生充分认识到档案工作是一项崇高的事业，应在学好档案理论知识和提高档案实践技能上下功夫，掌握一技之长。在合作培养过程中，为了提高人才能力，可以开设学习通道，提供便利的学习环境。有条件的院校，可以选择附近管理水平较高的档案馆，课堂结束后，部分学生可以在适当的岗位上就业，他们可以通过课堂讨论分享自己的工作经验，这提高学生的实践能力。

（2）推进用人企业与高校定向培养方式。在对学生的培养过程中，可以通过用人企业与高校的定向培养方式，通过建立校企联合培养制度，矫正学生对培养目标的认识，并且为学生提供实习机会等形式来为学生积累经验，通过岗前培训和岗位继续教育使其个人能力与岗位相匹配。

第一，深化学生对培养目标的认识。培养目标是针对教育目的而制定的，为了专业学生能够提升自己和更好地适应工作，在定向模式下，希望能培养出能力和素质都与岗位相匹配的人才。目前来看，毕业生数量逐渐增加，但是符合岗位需求的优秀毕业生数量却并不可观，且由于很多学生在毕业后即考上公务员或者拥有事业编制，和在企业里求职的人才相比，他们应该具备较好的职业思想道德素质。所以学校在引导学生接受职业教育的过程中，还应该注意学生的思想建设，深化学生对于学校培养目标的认识，帮助他们在职业生涯中不仅仅注重职业技能，也要注重思想学习的内涵，树立正确的学习目标。

第二，为学生提供实习机会。培养单位可以通过自己的资源为学生提供实习机会，举办丰富的实践活动。例如可以承包某公司的整理各类档案项目，明确各种文件入档形式，在公司中如何进行查档阅档，学生通过实践训练培养一般技能，以提高他们毕业后对职业世界的适应性。学生在一家公司进行实习，其主要目的不仅是获得工作场所的实际经验，也是促进从学生到企业家的转变，公司可以实施导师–学徒制度，选择专业的实习生或工人，比如给予工作技能和心理指导。训练过程中穿插了团队建设活动，以增强学生的归属感。

第三，建立校企定向培养协议制度。"因岗而设、应运而生"是用人单位定向培养的宗旨，学校和公司之间合作培训高技能人才是一项带来许多好处的举措，肯定会越来越受到重视和发展。校企入职培训协议体系的建立是指学校和企业建立初步培训的战略合作协议，企业提供人才培养的要求，包括职业领域和课程体系，学校根据企业提出的人才需求计划进行招生和培训的合作模式。校企合作有利于学校建立人才培养实训基地。例如华东师范大学与北京量了伟业时代信息技术有限公司共建"华东师范大学档案学理论与实践研究中心"，在学校与企业的携手下，将学生的理论与实践结合起来，共同培养档案学专业人才。这种方式下，学校负责签订学生与企业的入职培训协议。为了鼓励学生参加入职培训，企业通常会在学生在校期间给予适当的经济补贴，鼓励学生加入企业。

(3) 完善岗前培训与岗位继续教育。在对各个高校培养目标对比的基础上，提出岗前培训与岗位继续教育应该要同时进行，在确保学术标准的同时，应强调培养学生在工作场所的创新能力。培养工作场所的创新能力应该是劳动力市场上继续教育和培训的一个具体特点和教育任务，这也是评价其教学质量的标准。通过岗前培训和岗位继续教育的完善情况来看也可以加速对工作的适应性。

第一，完善岗前培训。毕业生应具备较强的专业意识和实践能力，以便在进入工作岗位后能迅速胜任岗位和职责。这在很大程度上取决于学校在校内、校外，特别是校外培训基地拥有先进而全面、管理良好的设施。校外实训基地为学生提供专业实践的环境，使他们能够培养自己的专业素质，更多地接触社会和社会，从而通过建立先进的生产理念，培养出以细心工作为特色的职业习惯和不畏艰辛的工作作风。在入职以前，公司提供职前培训，让新员工熟悉公司章程和他们的职责。在新时代，档案管理人员需要增强法规和安全意识，档案管理工作的内容往往包含机密文件或敏感信息。在开始履行公务之前，档案管理人员应明确自己有义务规范地履行职责，合理地维护信息的保密性。在客观技术手段方面，目前档案资源的信息化是基于数字文件格式，如文字、图像、音频、视频等，存在基础安全和管理安全上的问题。在主观思想上，新时期的档案管理人员要加强思想和业务教育水平，正确把握本单位的组织管理路线，不断提高综合素质水平，增强深厚的保密责任感，从思想上保证档案信息的安全。

第二，岗位继续教育。继续教育是一种培训，旨在提升和更新专业技术人员的知识，扩大知识结构，增强专业技能，提升综合素质。加强职业教育和培训，发展继续教育，建立终身学习制度。继续教育旨在帮助档案工作者更好地管理和利用档案资料，课程不仅要涵盖档案知识的理论学习，还要包括与档案工作有关的专业技能的培养。因此，档案员的专业能力是档案员继续教育的指导性因素。这一阶段的目的是将学生引入实际的工作环境和工作过程，促进学生尽早认识到一定的理性认识，促进学生对现有的管理流程实施方法的深入理解和归纳，在理性认识的基础上形成相对完整和可靠的完备性。分类归纳的应用知识框架所要求的实践环境应该是具有一定技术复杂性的实践环境和实践过程。

在大数据时代，档案学专业人才直接关系着档案事业的发展情况，现有的在岗的档案管理人员是宝贵的人才资源，他们大多数都经历了日积月累，有着丰富的实践，所以要对刚入职的人员进行继续教育提高他们对于工作的适应性，例如通过远程教育和电子学习，可以向档案专业人员传授大数据时代的一般归档技术，教育他们如何存储、搜索、分析和可视化数据库，从而使每个档案员都能在大数据背景下更新和发展自己的知识，提高工作水平。此外，高校应加强与相关院校和教育部门的合作，组织有效的教育培训，充分利用国家档案局的远程教育平台，探索高校教育平台与档案局的合作，采取适当措施实现资源共享，通过灵活多样的技能更新方式，促进档案人员的年度专业发展。对未获得规定学分、未参加继续教育的档案人员，应要求其在规定时间内进行整改。在信息化背景下，档案馆应制订长期发展规划，建立优秀人才培养机制，保持档案专业人才的合理层次，利用信息技术，激发档案工作者参与继续教育的热情，热情使用和管理人才，促进档案管理工作的开展。

3. 加强职业能力素养，提升终身发展能力

随着毕业生数量的不断增加，大学生的就业状况也变得更加严峻。在信息化背景下，劳动力市场的发展趋势与人才对先进信息和信息处理技术的使用效果密切相关。传统的求职方式已经不能满足大学生的就业需求，通过信息技术和网络来促进工作已经成为一种必然的趋势。从以往的数据分析来看，可以看出，加强

职业素养，提升自身能力，促进终身发展是当下需要解决的问题。

（1）把握社会需求动态，提升就业信息获取能力。招生大规模扩张的一个直接后果是大学生从精英就业转向大众化。与此同时，就业岗位的供求矛盾仍然是困扰成千上万大学生就业的难题。大多数大学生通过市场上知名的招聘平台、企业官方网站以及朋友或家人的推荐来获取与工作相关的信息，这种获取信息渠道的方式具有固定性并且相对传统，而对于今天的大多数企业和求职者来说，在线招聘和找工作的形式已经打破过去的传统。由于招聘平台的优势——成本低、信息丰富、使用方便、没有地域限制以及可以远程提供服务——它已经成为一种新的、方便的就业形势，并越来越受到用户的赞赏。

在对信息进行处理的同时，不能只局限于招聘软件以及社会招聘，而是基于互联网大数据可以全面管理来自动态人才市场的信息，包括行业信息、薪酬计算、企业执行、招聘和福利，在此期间可以提高自己的信息获取能力，科学选择企业和用人单位。

（2）积极响应技术与政策革新，实现岗位与能力相匹配。2020 年 6 月，《中华人民共和国档案法》（简称《档案法》）修订版公布，2021 年 6 月，中共中央办公厅、国务院办公厅公布《"十四五"全国档案事业发展规划》。这两项政策法规成为新时期我国档案工作的最高纲领，不仅为档案工作提供法律保障，而且形成档案事业发展的总体规划。未来档案事业发展的总体要求和主要任务已经提出，并采取相应的保护措施。

总之，未来中国档案事业质的发展趋势是由档案工作者推动的，他们所能做的就是积极响应政策创新，与时俱进。《档案法》把培养和凝聚档案人才，提高档案工作者的工作效率作为重要内容，所以挖掘人才的潜力是当前要实现的主要内容，要从源头上看，全方位提高潜力，才能实现岗位胜任。《档案法》将为全国各地区、各部门、各单位处理档案工作的正确适应、管理和协调提供重要的法律保障，促进档案馆的计算机化是对档案馆创新发展的重要激励，有助于档案馆的数字化转型。为了实现将档案信息化提升到一个新的高度，有必要关注"四大系统"的发展①，了解与加强档案信息化发展基础和提高档案数字资源创造量有关的关键挑战。

大数据、人工智能等新技术在档案管理中的应用，使得档案信息的网络化、数字化和社会化发展成为可能，使档案管理者更容易快速找到合适的文件。在对档案进行分类和整理时，所有的档案都必须按照中国的相关法律和法规进行分类。档案管理者自己也要非常熟悉档案分类的精细规则。基于人工智能的发展，可以参考相关类别了解其重要性，并使用字段加权混合索引方法对搜索结果进行更准确的排序。利用人工智能的自动语言处理系统，使用户更容易通过口语化的问题和短语在信息库中搜索到相关档案。因此，人工智能在档案管理中的应用可以改变传统的检索方式，借助相关语境使信息提取到学习系统中，学习系统可以将相关信息加入相关信息的知识库中进行操作，最后再由人类进行反馈。信息需要满足人们的生活需要，要加大对档案信息的检索力度，实现档案信息的共享。

（3）促进人格全面发展，提升终身学习能力。学生在学校学习期间，理应保持一颗求知的心，在对学生的知识进行理论灌输时，要考虑人格是不可能仅仅通过理论就能养成的。所以更加应该从实际出发，将理论与实践结合，通过去做一些社会调查、义务劳动让自己的综合素质得到锻炼，在积极参加各种活动中不断健全人格。在档案馆为人们提供档案服务时，档案工作者需要发现用户的需求并与之沟通，以提供更好的服务，提高档案信息的整合度。因此，他们必须根据时代和社会的具体发展方向，充实自己的知识体系，努力学习，并始终保持强烈的主动性，将学习行为运用到实际工作中。只有这样，他们才能提高档案管理工作的水平。

六、档案专业人员继续教育人才融合的优化策略

档案专业人员继续教育工作未来将更加注重教育过程评价，从而全面提高继续教育质量。在此要求下，对档案专业人员继续教育教学人才的培养将更加紧迫。为解决全媒体时代档案专业人员师资队伍建设中存在的问题，促进人才融合

---

① "四大系统"是指档案资源体系、档案利用体系、档案安全体系和档案治理体系。

发展，培养融合型人才是关键。因此，在未来档案专业人员继续教育教师队伍的建设工作中，应牢牢把握全媒体时代的特点，采取一系列手段实现继续教育专业教师、档案实践领域专家和全媒体技术人才多主体协作。

（一）专业教师

专业教师是指专门从事档案专业人员继续教育工作的教师。在全媒体背景下，档案专业人员继续教育专业教师应转变教育理念，由以教师讲授知识，学员接受知识的单方向知识流通模式，转化为教师、学员互动式学习的双向知识流通模式。

档案专业人员继续教育专业教师应当积极适应时代的变化，不再做继续教育课堂的"领导者"，而是化身教师和学员互助式学习的"参与者"，重视教学理念革新，以学员为主体，培养学员的自主学习能力和创新能力。

另外，应当进一步建立健全全媒体时代教师队伍人才培养机制，具体工作可以从以下方面展开：

第一，建立健全档案专业人员继续教育教师队伍遴选聘任机制，提高教师准入门槛。在选拔档案专业人员继续教育教师时，应对其职业道德修养、专业素养、个人教学能力等方面进行严格考察，有必要针对教师队伍建设设置具体的考察标准，严格确保档案专业人员继续教育教师队伍的专业性和纯洁性，坚决禁止不具备教师资格的、能力不足的、缺乏教师使命感和责任感的人进入档案专业人员继续教育的教师队伍中来。

第二，建立档案专业人员继续教育教师队伍的评估考核机制，加强对教师的日常教学考察。师资队伍列为档案专业人员继续教育机构教学水平的重要评估指标。在评估考核过程中，应委托第三方评估机构或成立专门的评估考核小组，对教师的教学态度、教学内容、教学方法、教学效果等方面进行评估，通过设置有效的评价考核标准，定期对档案专业人员继续教育教师进行考核并打分，根据考核成绩对教师队伍进行适当调整。

档案专业人员继续教育的教师，可以通过建立评估考核机制，可以促使教师不断充实新知识、不断学习新技能、不断提升自身教学能力，进而促进档案专业人员继续教育教学质量的提升。

第三，建立档案专业人员继续教育教师队伍的激励机制，提升教师的工作积极性。激励机制建立在评估考核的基础之上。对于教学能力强，教学效果好的教师应当予以奖励，尤其是在档案专业人员继续教育工作中做出突出贡献的。适当的激励能够激发教师的教学热情，提升其创新创造能力，从而使整个档案专业人员继续教育教师队伍保持活力。

第四，建立档案专业人员继续教育教师队伍的培训机制，开展针对教师队伍的继续教育。知识的更新是没有止境的，作为一名继续教育教师，更要牢牢把握学科发展方向，通过不断学习，及时补充新知识。因此，针对档案专业人员继续教育教师培训工作的开展应当增加频率，保证学习频率，建设学习型的继续教育教师队伍，使教师的知识含量和教学水平能够随时满足参加继续教育的档案专业人员的需求。

第五，建立档案专业人员继续教育教师队伍教学质量的跟踪反馈机制，不断调整教学内容与教学方法。为进一步检验继续教育教师队伍的水平，准确评价继续教育的教学质量，应建立有效的跟踪反馈机制，使参加档案专业人员继续教育的学员通过反馈渠道，反映实际学习的效果，并据此不断调整教学内容与方法，使继续教育教学内容与方法更符合档案工作的实际需求。

（二）档案实践领域专家

档案专业人员继续教育机构应当按照专兼职结合的原则，聘请具有良好职业道德、丰富实践经验、较高理论水平的业务骨干和专家学者，建设档案专业人员继续教育师资队伍。因此，在档案专业人员继续教育教师队伍建设过程中，应深入贯彻国家相关规定，推动教师队伍人才深度融合，使从事档案专业人员继续教育工作的专业教师与档案实践领域专家相融合，理论水平与实践经验相融合。

在档案专业人员继续教育教师队伍的建设过程中，除了加强对教师理论水平的培养与考察，也应当着重考察教师的实践经验。因为档案专业人员继续教育是非学校教育，教育的目的是更好地满足档案专业人员的工作需要。在档案专业人员继续教育教师队伍的建设中，通过开展专业教师与档案实践领域专家合作教学可以使教学内容更加全面，能够充分满足档案专业人员的实际需求；也可以邀请档案实践领域专家对专业教师进行培训，变"输血"为"造血"，提高档案专业人员继续教育教师队伍的实践水平。

（三）全媒体技术人才

全媒体理念是在社会信息化发展过程中逐渐显现出来的，同样，信息化发展也是档案工作的发展趋势。当前，档案工作信息化还处于探索阶段，并且，在实际的档案信息化服务工作中，越来越多地融入技术手段，例如物联网技术、大数据技术、数据挖掘技术等，档案专业人员渴望提升自身信息素养，使自身能够更好地适应时代前进的步伐。

在档案专业人员继续教育专业教师的培养过程中应当引进全媒体技术人才，对专业教师进行信息技术培训，使专业教师跟上全媒体时代档案专业人员继续教育改革创新的步伐，实现由传统教育手段向现代教育手段的过渡，也能够促进专业教师对新知识、新技术的学习，实现专业教师教学经验与全媒体理念的融合，使其更好地从事继续教育的教学活动。

档案专业人员继续教育专业教师和全媒体技术专家联合开展继续教育教学工作能够更好地满足档案专业人员的教育需求，通过继续教育提高档案专业人员信息服务水平，使档案专业人员充分适应全媒体时代的发展。

●●▶ 第三节　档案信息化人才队伍的建设目标与策略

一、档案信息化人才队伍的建设目标

"建设一支现代化的档案人才队伍是开展档案信息化工作的基础和关键。档案信息化建设的不同阶段对档案人才队伍提出不同的目标和要求。"[①] 档案信息

---

① 季伟. 档案信息化视阈下档案人才队伍建设的演变、目标及路径 [J]. 机电兵船档案，2024 (01)：19.

化建设是档案事业发展的必然趋势，也是提高档案管理服务水平、满足社会需求的重要手段。在知识经济时代，档案管理要得以发展，就需要形成全体档案人员的创新意识，建立档案创新体系。这种创新体系涉及档案管理的方方面面，但是真正提高档案人员的素质，特别是创新素质的培养，应该是档案发展战略的重中之重，应切实纳入档案创新体系的建设。

为了实现这一目标，须建立一支具有专业素质、创新能力和团队协作精神的档案信息化人才队伍。具体来说，这个人才队伍应该具备以下方面的特点和能力：

第一，高度的专业素质。档案信息化人才应具备扎实的档案学基础理论和计算机技术知识，能够熟练运用办公软件、办公设备和各种档案管理软件，具有较强的信息技术应用能力。

第二，良好的创新意识。档案信息化人才应具备强烈的创新意识和进取心，敢于挑战传统观念和方法，勇于探索新的档案管理模式和技术手段。

第三，团队协作精神。档案信息化人才应具备良好的团队协作精神，能够与其他部门和同事密切配合，共同推进档案信息化建设。

第四，强烈的社会责任感和使命感。档案信息化人才应具备强烈的社会责任感和使命感，能够为提高档案管理服务水平、满足社会需求贡献力量。

第五，高度的职业道德和敬业精神。档案信息化人才应具备高度的职业道德和敬业精神，能够忠诚于档案事业，为档案信息化建设贡献自己的智慧和力量。

二、档案信息化人才队伍的建设策略

（一）树立创新思维

第一，开拓思维。开拓思维是档案人才应具备的首要创新思维。在档案管理工作中，开拓思维意味着要不断拓宽视野，勇于探索新的领域，寻找新的发展机遇。档案人才需要关注国内外档案管理的新趋势、新技术和新方法，积极学习并借鉴先进经验，不断提高自身的专业素养和工作能力。同时，还需要关注社会热点和民生需求，深入挖掘档案资源的价值，为经济社会发展提供有力支持。

第二，战略思维。战略思维是档案人才在宏观层面上的创新思维。档案人才需要站在全局的高度，从战略的角度出发，思考档案工作的发展方向和目标。需要关注国家发展战略和经济社会发展规划，了解档案工作在国家发展中的重要地位和作用，制定符合实际的发展战略和规划。同时，还需要关注国际档案工作的最新动态和发展趋势，为我国档案事业的国际化发展作出贡献。

第三，策略思维。策略思维是档案人才在具体工作中的创新思维。在档案管理工作中，策略思维意味着要根据实际情况制订合理的工作计划和方案。档案人才需要深入了解档案资源的分布、特点和利用需求，制定科学的档案收集、整理、保管和利用策略。同时，还需要关注档案工作中的风险和挑战，制定有效的应对策略和措施，确保档案工作的顺利进行。

第四，人本思维。人本思维是档案人才在服务理念上的创新思维。在信息化时代，档案工作的服务对象更加广泛和多样化，档案人才需要树立以人为本的服务理念，关注用户的需求和体验。他们需要积极推广档案数字化服务，提高档案服务的便捷性和效率。同时，还需要加强档案资源的宣传和教育工作，提高公众对档案工作的认知度和支持度。

第五，开放思维。开放思维是档案人才在合作与交流方面的创新思维。在全球化背景下，档案工作需要与国际接轨，加强与国际档案界的交流与合作。档案人才需要树立开放包容的思想观念，积极参与国际档案交流活动，学习借鉴国际先进经验和技术。同时，还需要加强与其他领域的合作与交流，共同推动档案事业的发展。

第六，忧患思维。忧患思维是档案人才在风险意识方面的创新思维。在信息化时代，档案工作面临着诸多风险和挑战，如信息安全、知识产权等问题。档案人才需要树立忧患意识，加强风险预警和防控工作，确保档案资源的安全和完整。同时，还需要关注档案工作中的新问题和新挑战，及时调整工作策略和措施，确保档案工作的可持续发展。

第七，辩证思维。辩证思维是档案人才在分析和解决问题时的创新思维。在档案管理工作中，辩证思维意味着要用全面的、发展的眼光看待问题，既看到问题的正面也看到问题的反面。档案人才需要学会运用辩证思维来分析档案工作中的问题和矛盾，找到问题的根源和解决方法。同时，还需要关注档案工作的发展趋势和规律，及时调整工作策略和方法，推动档案工作的创新与发展。

（二）重构知识结构

第一，信息鉴定知识。信息时代的档案信息在规模上是海量的，在门类上是多维的，在价值上是多元的。档案工作者只有具备电子档案信息内容价值和技术状况的鉴定知识，才能及时、准确地捕捉和收集具有档案价值的信息，并根据其重要程度划定保管期限。

第二，科学决策知识档案信息化迫切需要科学规划。档案工作者只有具备开展调查研究、制订科学战略规划和规划实施方案的能力，才能把握大局、把握方向、登高望远、运筹帷幄，避免信息化走弯路、受损失。

第三，宏观管理知识。档案行政管理是档案信息化的直接动力。档案工作者应当具备组织、指挥档案信息化工作的业务能力，有关档案信息化法规、制度、标准、规范的专业知识，以及从档案业务和信息技术的结合上依法行政的执行力。

第四，需求分析知识。档案信息系统建设需以用户为中心，需求为导向。为此，档案工作者应能对档案信息的现实用户和潜在用户、当前需求和未来用户需求、本单位内部需求和社会大众需求，进行全面的、前瞻的分析，并对档案信息系统的信息需求、功能需求和性能需求进行准确的描述和规范的表述。

第五，系统开发知识。为了实现档案业务和信息技术的完美结合，档案工作者必须全程、深度参与档案管理信息系统开发。为此，档案工作者需要学一点软件工程的理论和软件开发的技术，学会用信息技术的专业语言与信息技术人员进行沟通，准确表达档案工作者对信息系统建设的需求。

第六，系统评价知识。评价是系统维护和改进的前提。档案工作者要具备评价档案信息系统质量的能力，能从档案管理和计算机技术的专业角度，评价档案信息系统的间接效益和直接效益，评价系统管理指标、经济指标和性能指标，并能对系统存在的问题提出改进的意见和建议。

（三）优化队伍结构

优化档案人才队伍结构是提升档案管理效能的重要措施。根据工作性质和职责的不同，档案人才队伍可以分为研究型人才、管理型人才、操作型人才及其他类型人才。每一类人才都有其独特的职责和素养要求。

1. 研究型人才

研究型人才在档案工作中主要负责档案学理论的研究、档案管理新技术的开发及应用、档案信息资源的深度挖掘与利用等。他们需要具备以下素养。

（1）学术素养。研究型人才应具备深厚的档案学理论基础，对档案学的各个领域有着全面而深入的了解。他们需时刻保持对最新研究动态和前沿技术的关注，以便及时把握学科发展的脉搏。此外，他们还应具备独立开展科研工作的能力，能够针对档案工作中的实际问题，提出切实可行的解决方案，并撰写高质量的学术论文和研究报告，为学科的发展提供理论支撑。

（2）创新能力。创新是研究型人才的核心素养之一。他们应具备创新思维，能够突破传统观念和方法的束缚，提出并验证新的理论和方法。通过不断创新，他们能够推动档案学科的发展，为档案工作注入新的活力。同时，他们还应关注跨学科的研究，将其他领域的先进理念和技术引入档案学，为档案事业的进步开辟新的道路。

（3）技术技能。在现代信息技术的推动下，档案管理工作正逐步实现智能化和数字化。因此，研究型人才需要熟悉现代信息技术，如大数据、人工智能等，并能够将这些技术手段应用于档案管理工作。通过运用现代技术，他们可以提高档案管理的效率和质量，为档案信息的深度挖掘和利用提供有力支持。

（4）团队协作。研究型工作往往需要团队合作来完成。因此，研究型人才应具备良好的沟通和协作能力，能够与团队成员共同开展研究工作，分享研究成果，形成合力推动档案事业的发展。同时，他们还应具备领导能力，能够带领团队攻克难题，取得突破性进展。

2. 管理型人才

管理型人才主要负责档案工作的组织与协调、资源分配与调度、制度建设与执行等方面的工作。他们的素养要求包括：

（1）领导能力。他们需要能够高效地组织和协调各项档案工作，确保各项工作有条不紊地进行。在制订战略规划和实施方案时，他们需要站在全局的高度，充分考虑企业的整体利益和长远发展。此外，他们还需要具备激励和引导团队的能力，激发团队成员的积极性和创造力，共同推动档案工作的不断发展和进步。

（2）制度建设能力。他们需要熟悉档案管理的法律法规和行业标准，了解最新的档案管理理念和技术手段。在此基础上，他们能够制定并执行相关管理制度，确保档案工作规范有序。同时，他们还需要根据企业的实际情况和需求，不断完善和优化档案管理制度，提高档案管理的效率和质量。

（3）决策能力。在档案工作中，管理型人才需要面对各种复杂的情况和问题，需要做出及时、正确的判断和决策。他们需要具备敏锐的洞察力和丰富的经验，能够准确分析问题的本质和根源，找到解决问题的最佳方案。同时，他们还需要具备风险意识和预见性，能够预见和应对可能出现的风险和挑战。

（4）沟通能力。良好的沟通能力也是管理型人才不可或缺的一项能力，档案工作涉及多个部门和层级的人员，需要与各方进行有效的沟通和协调。管理型人才需要具备出色的沟通技巧和表达能力，能够清晰、准确地传达自己的想法和意图，与不同部门和层级的人员建立良好的合作关系。通过有效的沟通，他们能够确保档案工作顺利进行，减少不必要的误解和冲突。

3. 操作型人才

操作型人才是档案工作中的具体执行者，负责档案的收集、整理、保管、利用等具体操作。他们需要具备以下素养：

（1）专业技能。他们必须熟练掌握档案管理的基本技能，包括但不限于档案的分类、编号、编目、保管等具体操作流程。这些技能是档案工作的基石，也是操作型人才得以胜任工作的前提。通过不断地学习和实践，他们能够在面对复杂的档案工作时游刃有余，确保档案信息的准确性和完整性。

（2）细致耐心。档案工作需要极大的细致和耐心，因为每一份档案都承载着重要的历史信息，任何疏忽都可能导致信息的丢失或混乱。操作型人才需要在日常工作中保持高度的专注，认真检查每一份档案，确保信息的准确无误。同时，他们还需要耐心地处理大量的档案数据，为档案的利用提供有力保障。

（3）责任心。他们的工作直接关系到档案的安全和利用效率，任何疏忽都可能给档案工作带来不可估量的损失。因此，操作型人才必须具备高度的责任心，认真对待每一份档案，确保档案资料的安全保管和有效利用。他们需要时刻关注档案的安全状况，及时采取措施防范风险，确保档案工作的顺利进行。

（4）学习能力。随着档案管理技术的不断发展，新的理论、方法和技术不断涌现，对操作型人才提出了更高的要求。他们需要不断学习新知识、新技能，适应新的工作要求。通过参加培训、阅读专业书籍、交流经验等方式，他们可以不断提升自己的专业素养和综合能力，为档案工作的发展贡献自己的力量。

4. 其他类型人才

除了上述三类人才，档案工作中还需要其他类型的人才，如技术支持人员、信息分析人员、法律顾问等。

（1）技术支持人员。他们需要具备扎实的 IT 技术基础，包括但不限于熟练掌握各类档案系统操作、网络安全防护以及数据库管理等方面的知识和技能。在数字化时代，档案信息的存储、检索和利用都离不开信息技术的支持。因此，技术支持人员需要不断跟进技术发展趋势，提升自身技术水平，为档案工作提供稳定可靠的技术保障。

（2）信息分析人员。他们需要具备强大的数据分析能力，能够通过对档案信息的深入挖掘和分析，为决策层提供有力的数据支持。在信息爆炸的时代，如何从海量的档案信息中提炼出有价值的信息，是信息分析人员需要面临的重要挑战。他们需要熟练掌握各种数据分析工具和方法，不断提高自身的数据处理和分析能力，以满足档案工作中对数据信息的日益增长的需求。

（3）法律顾问。他们需要具备深厚的法律专业知识，熟悉档案管理相关的法律法规和政策，能够为档案工作提供法律咨询和保障。在档案工作中，涉及众多法律问题，如档案所有权、隐私权保护、档案利用权限等。法律顾问需要为档案工作提供法律指导，确保档案工作的合法性和规范性。

（四）预测与规划

人才预测与规划是档案人才队伍建设的基础。通过对档案工作发展趋势和人才需求的科学预测，制订合理的人才规划，为档案工作提供坚实的人才保障。

第一，需求预测。根据档案工作的发展需要，预测不同类型人才的需求数量和结构，为人才引进和培养提供依据。

第二，规划设计。制订详细的人才发展规划，包括人才引进计划、培养计划、使用计划等，明确各阶段的工作目标和任务。

第三，动态调整。根据档案工作的发展变化和人才市场的动态情况，及时调整人才规划，确保人才队伍结构合理，满足实际工作需要。

（五）组织与管理

有效的组织与管理是建设高素质档案人才队伍的保障。通过科学的组织结构设计和管理机制，确保人才队伍的稳定和发展。

1. 加强人才队伍建设工作

建立人才库。建立档案人才库，对现有档案人才进行全面统计和评估，掌握人才状况和分布情况，为人才管理和使用提供数据支持。

（1）引进优秀人才。通过多种途径引进优秀档案人才，如校企合作、招聘会、猎头公司等，吸引高素质人才加入档案队伍。

（2）优化人员配置。根据档案工作的实际需求，合理配置各类人才，确保各岗位人员配备合理，工作效率最大化。

2. 加强人才资源的行政管理

（1）完善管理制度。建立健全人才管理制度，明确人才招聘、培训、使用、考核等各环节的管理规范，确保人才管理有章可循。

（2）实施激励机制。建立科学的激励机制，通过绩效考核、晋升渠道、奖励制度等手段，激发档案人才的工作积极性和创造性。

（3）保障工作环境。为档案人才提供良好的工作环境和发展条件，关注他们的职业发展和生活需求，增强他们的归属感和稳定性。

3. 加强督促检查，狠抓落实

（1）定期检查。定期对人才队伍建设情况进行检查，发现问题及时整改，确保各项工作落到实处。

（2）绩效评估。建立绩效评估体系，对档案人才的工作绩效进行科学评估，作为激励和晋升的重要依据。

（3）总结反馈。对人才管理工作的经验和教训进行总结，及时反馈和调整，不断提高人才管理的科学化水平。

第六章 不同领域档案管理信息化建设的创新实践

第一节 单位档案管理信息化建设的创新思路

一、单位档案管理的特点

单位档案管理作为组织内部信息管理的核心组成部分，具有其独特的特点。这些特点不仅反映了档案管理工作的本质，也体现了其在组织运营中的重要性和复杂性。以下将从五个方面详细阐述单位档案管理的特点。

（一）系统性

单位档案管理具有显著的系统性特点。这主要体现在档案管理的全过程，包括档案的收集、整理、鉴定、保管、检索、利用和统计等环节，它们相互关联、相互依存，共同构成一个完整的系统。系统性要求档案管理工作必须遵循一定的规范和标准，确保各个环节的协调一致，以实现档案信息的有效管理和利用。

此外，单位档案管理的系统性还体现在其与其他信息管理系统的关系上。档案管理系统作为组织内部信息管理体系的重要组成部分，与其他系统如办公自动化系统、人力资源管理系统等相互关联，共同支持组织的运营和管理。这种系统间的互联互通，使得档案管理能够更好地融入组织整体的信息管理框架中，提高信息的共享和利用效率。

（二）专业性

单位档案管理是一项专业性很强的工作。它要求档案管理人员具备扎实的档案学理论知识和丰富的实践经验，能够熟练掌握档案管理的各项技能和方法。同时，随着信息技术的不断发展，档案管理也逐渐向数字化、网络化方向发展，这对档案管理人员的专业素质提出更高的要求。他们需要具备计算机操作技能、网络安全意识以及数据管理能力等，以适应新时代档案管理工作的需要。

专业性的特点还体现在档案管理对专业知识和技能的依赖性上。档案管理涉及档案分类、编号、著录、标引等多个环节，这些环节都需要运用专业的知识和技能。只有掌握了这些知识和技能，才能确保档案信息的准确性和完整性，为组织的运营和管理提供有力的支持。

（三）保密性

单位档案管理具有严格的保密性要求。档案中包含了组织的各种重要信息，如商业秘密、技术秘密、员工个人信息等，这些信息一旦泄露，可能会对组织造成严重的损失。因此，档案管理工作必须严格遵守保密规定，确保档案信息的安全性和完整性。

为了实现保密性要求，单位需要建立完善的档案管理制度和保密制度，明确档案的管理权限和使用范围。同时，还需要加强对档案管理人员的保密教育和培训，提高他们的保密意识和能力。此外，还需要采用先进的技术手段，如加密技术、访问控制技术等，来确保档案信息在存储、传输和使用过程中的安全性。

（四）动态性

单位档案管理具有动态性特点。随着组织的不断发展和变化，档案信息也在不断更新和增加。这要求档案管理工作必须具备动态管理的能力，能够及时、准确地反映组织的变化和发展情况。

动态性特点还体现在档案信息的更新和修改上。随着时间的推移，一些档案信息可能会发生变化或失效，这时就需要对档案进行更新或修改。同时，随着组织的发展，一些新的档案信息也会不断产生，这时就需要及时将这些信息纳入档案管理系统中。这种动态管理的过程不仅保证了档案信息的时效性和准确性，也为组织的运营和管理提供更加全面、准确的信息支持。

（五）服务性

单位档案管理的根本目的是为组织的运营和管理提供服务。它通过对档案信息的整理、分类、存储和检索等处理过程，为组织提供全面、准确的信息支持。同时，档案管理还可以通过提供档案信息查询、借阅等服务，满足组织内部员工和外部用户的需求。

服务性特点要求档案管理工作必须始终坚持以用户需求为导向，不断优化服务流程和提高服务质量。同时，还需要加强与用户的沟通和交流，了解他们的需求和反馈意见，以便更好地满足他们的需求和提高服务质量。此外，还需要注重档案的开放和利用工作，推动档案信息的共享和传播，为组织的发展做出更大的贡献。

二、单位档案信息化建设

（一）加强顶层设计，完善档案管理信息化制度体系

第一，制订档案管理信息化发展规划是至关重要的一步。这一规划旨在明确单位档案管理信息化的总体目标，为后续工作提供明确的方向和指引。同时，规划还须详细列出阶段性任务，包括短期、中期和长期目标，以确保档案信息化建设的稳步推进。此外，保障措施也是不可或缺的一部分，包括人员培训、技术支持和资金投入等方面，以确保档案信息化建设的顺利进行。

第二，完善档案管理信息化政策法规是保障档案信息化建设顺利进行的重要基础。对现有档案管理相关法规进行修订和完善，以适应信息化建设的需要。这些法规应明确档案信息化建设的责任主体、权限划分以及违法行为的处罚措施等，为档案信息化建设提供法治保障。同时，加强政策宣传，提高广大档案工作者对政策法规的认知度和遵守度。

第三，建立健全档案管理信息化标准体系也是确保档案信息化建设规范性和可持续性的关键所在。制定档案信息化建设的技术规范，明确信息化建设的各项技术指标和要求，以确保各项工作的规范性和统一性。同时，数据标准的制定也是必不可少的，这有助于规范数据的采集、存储、传输和利用等环节，提高数据的质量和利用率。

第四，制定档案信息化管理办法，明确各项工作的责任主体、工作流程和质

量控制要求等，以确保档案信息化建设的顺利进行。

在实施这些措施的过程中，应注重加强与相关部门的沟通协调，形成合力推进档案信息化建设的良好氛围。同时，应注重总结实践经验，不断完善和优化档案管理信息化制度体系，以适应不断变化的信息化需求和发展趋势。

（二）大力推进档案资源数字化，全面提升档案信息服务能力

随着信息技术的飞速发展，档案资源的数字化已经成为提升档案信息服务能力的必然趋势。通过数字化手段，将传统的纸质档案转化为电子形式，实现档案信息的快速存储、检索和传播，从而为用户提供更加便捷、高效的服务。

第一，加大档案数字化工作力度是推进档案资源数字化的关键。单位需要积极购置先进的数字化设备，如扫描仪、数码相机等，以实现对纸质档案的快速、准确转换。同时，引进专业人才也是至关重要的，这些人才应具备丰富的档案知识和数字化技能，能够高效地完成档案的数字化工作。通过加大投入和引进人才，单位可以显著提高档案数字化水平，为后续的档案信息服务提供坚实的基础。

第二，优化档案检索系统是提升档案信息服务能力的重要手段。单位可以利用大数据、人工智能等技术手段，对数字化后的档案信息进行深度挖掘和分析，实现档案信息的智能检索和精准推送。例如通过构建基于用户行为的个性化推荐系统，可以为用户推送与其兴趣相关的档案信息；通过自然语言处理技术，可以实现用户通过自然语言输入查询需求，系统能够自动理解并返回相关档案信息。这些技术手段的应用，可以极大地提高档案信息的检索效率和精准度，为用户提供更加优质的服务体验。

第三，创新档案信息服务方式也是提升档案信息服务能力的重要途径。单位可以利用社交媒体、移动应用等平台，拓宽档案信息服务渠道，提高档案信息传播效果。例如，通过开设档案微信公众号或 App，可以定期发布档案信息动态、提供档案查询服务、开展档案知识普及活动等，吸引更多用户关注和参与。同时，单位还可以与其他机构或平台进行合作，共享档案信息资源，扩大档案信息的传播范围和影响力。

（三）强化档案信息安全保障，确保档案信息资源安全

在信息化时代，档案信息安全问题日益凸显，成为档案管理工作中不可忽视的一环。为确保档案信息资源的安全，单位必须采取一系列措施来强化档案信息安全保障。

第一，加强档案信息安全意识教育至关重要。单位应定期组织档案管理人员进行档案信息安全知识培训，提高他们的安全意识，使他们充分认识到档案信息安全的重要性。通过培训，档案管理人员可以了解并掌握各种档案信息安全知识，如密码保护、病毒防范、数据备份等，从而在日常工作中严格遵守档案信息安全规定，确保档案信息的安全。

第二，完善档案信息安全防护体系是保障档案信息安全的关键。单位应采取先进的技术手段和管理措施，对档案信息的采集、存储、传输、利用等环节进行全方位的安全防护。例如，通过采用加密技术，对档案信息进行加密处理，防止信息泄露；通过建设档案信息安全监控系统，实时监测档案信息的流动情况，及时发现并处理安全隐患；通过制定严格的档案管理制度，规范档案管理人员的行为，防止因人为因素导致的档案信息安全问题。

第三，建立档案信息安全应急预案也是确保档案信息资源安全的重要一环。单位应针对可能出现的档案信息安全风险，制订详细的应急预案，明确应急处置流程，确保在发生突发事件时能够迅速响应，最大限度地减少损失。同时，单位还应定期进行档案信息安全应急演练，提高档案管理人员的应急处理能力，确保在关键时刻能够迅速、准确地应对各种档案信息安全风险。

第二节　高校档案管理信息化建设的创新方法

一、高校档案管理的特点

第一，知识密集型。高校作为知识的发源地，"高校档案是学校信息组成的

重要部分，是相关管理工作的重要支撑"①。其档案管理工作自然带有浓厚的知识密集性特点。这主要体现在两个方面：一是档案内容的专业性和学术性；二是档案管理的信息化和数字化要求。高校档案涵盖了教学、科研、人事等各个方面，这些档案不仅记录了学校的发展历程，也反映了学术研究的最新成果和教育教学的改革实践。因此，高校档案管理需要专业知识的支持，以确保档案的准确性和专业性。

第二，系统性与规范性。高校档案管理的系统性体现在其全面覆盖学校的各个部门和业务领域。从学生入学到毕业，从教师招聘到职称评定，再到科研项目的申请与结题，每一个环节都会产生大量的档案资料。这些资料需要系统地收集、整理和归档，以便形成完整的信息链条。同时，高校档案管理还须遵循严格的规范性，包括国家和地方的法律法规，以及学校内部的规章制度，确保档案的真实性、合法性和安全性。

第三，动态性与发展性。随着高等教育的快速发展，高校档案管理也呈现出明显的动态性和发展性。一方面，新的教育政策、科研项目和技术变革不断涌现，这就要求档案管理工作能够及时响应变化，更新档案内容和管理方法。另一方面，高校档案管理也需要与时俱进，利用现代信息技术提高档案管理的效率和质量，如电子档案系统的建设、云存储技术的应用等。

第四，服务性与开放性。高校档案管理的服务性体现在其为教学和科研工作提供支持的功能上。通过有效的档案管理，教师和学生可以快速获取所需的历史数据、科研成果和教学资源，从而促进知识的交流和创新。此外，高校档案管理还应具备一定的开放性，即在保证信息安全的前提下，向校内外用户提供档案查询和利用服务，增强档案的社会价值和实用价值。

二、高校档案管理信息化建设的创新策略

（一）加强数字档案系统建设

数字档案系统是存储数字档案的主要载体。数字档案就是使档案的管理方式

---

① 马树泉. 高校档案管理信息化建设探究［J］. 内蒙古民族大学学报（社会科学版），2022，48（04）：119.

从传统手工操作向现代化计算机管理转变。因此，建设数字档案系统是实现档案管理信息化的最佳方式。数字档案系统不只方便档案的归档和利用，更能实现各类档案的永久保存。另外，档案管理信息化建设方面，高校需要正确认识档案系统的重要性，对档案系统加大资金、技术等建设力度。当然，建设完善的档案系统，要求档案工作人员有专业的档案知识和技术人员有扎实的技术根基。需要档案管理人员根据国家和学校的相关文件，对数字档案系统进行一个全面的分析，再根据实际工作情况，开发出数字档案系统的基本框架。系统建设技术人员需要在档案工作人员的指导下，实现档案系统的技术开发，把档案系统框架转化为真正可应用的系统。在档案系统建成之初，肯定存在不足之处，这就需要档案管理工作人员与技术人员进行实时沟通和对接，进行系统的完善。

（二）实现档案归档和利用信息化

现今办公软件的普及使用，使得文件的形式不只限于纸质文件，还可以是电子文件。这使得高校的档案出现了两大类：一类是传统的纸质形式的档案，另一类则是纯电子形式的档案。但是，无论是纸质档案还是电子档案，要实现档案管理的信息化，其归档和利用都必须依托数字档案系统来实现。

1. 档案归档信息化

在档案归档方面，对于纯电子档案，直接上传到数字档案系统相应的类目下进行存储即可。对于纸质档案，将其转变为数字档案的步骤较多：除了对纸质档案进行传统的归类整理，把档案基本信息录入系统中，生成相应的档号。此外，需要对纸质档案进行封面信息打印、目录信息打印、标签打印、装订等步骤。实现纸质档案电子化，还需要对纸质档案进行扫描，把纸质档案扫描件上传到相应的档号下，实现数字档案的挂接。在先进的数字档案系统中，将纸质档案信息输入系统后，封面和目录等可在系统自动生成并且实现直接打印，真正做到了省时省力。档案归档信息化各个步骤需要档案管理人员认真仔细地完成，保证档案与系统对接的准确性，使得数字档案能够实现长久有效的保存，方便档案的利用。

2. 档案利用信息化

高校档案管理工作人员每天需要接待较多查询档案的人士，其中有校内的教师、学生，也有已退休的教师和已毕业的学生。每天查询的文件年份跨度较大、分类较多、信息繁杂，这使得档案工作人员急需一种查询档案的快速渠道。档案信息在数字档案系统中进行录入，并且完成数字档案挂接后，查询和利用档案的方式变得简便易行。对于需要查询的档案，档案工作人员根据查询档案人士的需求，直接在数字档案系统中搜索相应的关键词、年份、编号等相关信息，即可立即搜索出所需档案。如果需要纸质版复印件，只须点击系统上的档案打印按钮，既可以直接打印。档案归档和利用的信息化，使得档案管理更加方便快捷。

（三）学生档案管理信息化平台的建设对策

1. 建立统一标准的档案管理系统

（1）建立一套比较完善、规范的高校学生档案管理信息化平台，在提高高校学生档案管理人员的专业水平的同时，还应该强化高校学生档案管理信息平台的使用效率以及便捷性。随着现代化信息技术的不断发展，相关工作人员要不断完善高校学生档案管理工作流程，在高校学生档案设置方面、档案管理方面以及档案使用方面，一定要严格遵循学校制定的相关管理制度，只有这样，才能进一步提高高校学生档案管理信息化建设水平。

（2）在校园网络的基础上，高校需要充分发挥自身现有的计算机网络优势，开发并且完善高校学生档案管理系统。在高校学生档案管理信息化平台的开发阶段，相关工作人员要做到将高校学生的档案归纳、数据收集、信息安全等方面统一规范标准，保证高校学生档案管理系统具有可实际操作性能，同时又能够建构高校学生档案数据信息的实时性、有效性、准确性，为早日实现高校学生档案管理信息化奠定坚实的技术基础。相关工作人员还可以加强高校学生档案管理信息系统的防火墙建设，强化数据信息安全管理，防止高校学生档案信息泄露出去。

2. 提高高校学生档案管理意识，改善高校学生档案管理条件

档案管理人员要重视好高校学生档案管理工作，必须认清高校学生档案管理信息化的重要性，以此来增强高校学生档案管理信息化平台建设水平。加强高校学生档案管理信息化建设的意识，不断适应信息化背景下的高校学生档案管理工作，从而进一步提高高校学生档案管理工作水平以及服务效率。除此之外，面对

高校学生档案管理意识比较薄弱的问题，学校方面应该从大一新生开始就做好高校学生档案管理宣传工作，并且将高校学生档案管理和大学生的日常学习融合在一起，从而提高大学生的档案管理意识以及信息化水平。

建立专门的高校学生档案管理部门，并在其部门设置一些专业的档案管理工作人员，购买计算机、扫描仪等设备，强化高校学生档案管理的规范性、科学性，为推进高校学生档案管理的信息化提供强有力的保障。在高校建立信息化档案管理平台，尽最大可能发挥信息化档案管理工作职责以及工作价值，才能促使高校学生档案管理工作朝着信息化、规范化、科学化、智能化方向发展。

3. 建设现代化的档案管理人才队伍，提高高校学生档案管理质量

（1）拓展人才招聘渠道。在具体落实高校学生档案管理信息化平台建设工作时，高校要不断优化档案管理人才队伍，通过社会渠道招聘高质量人才，建立相对应的薪酬绩效奖励机制，留住大量的优秀人才。基于"互联网+"背景下，各个行业均发生了不小的变化，通过高校学生档案信息化平台建设，可以节省更多的人力资源，实时对高校学生档案资料进行在线处理，这就需要档案管理人员多多了解互联网信息技术，又要具备档案管理信息化工作经验，提高高校学生档案管理信息化工作质量。

（2）开展业务培训。在档案管理人才队伍建设期间，高校采用定期培训的手段，对于全体教职工作者、档案管理人员进行相对应的业务培训。在必要情况下，高校指派管理人员到其他企事业单位进行学习，了解其他单位的管理经验，并结合高校内部实际管理情况，建立符合自身实际情况的管理方案，提高高校学生档案管理工作水平。

（3）高校要积极聘请优秀的信息化管理人才和专业的基础人员，对档案信息化平台进行妥善的维护和管理，一旦发现问题，能够在第一时间予以妥善地处理，确保平台内部的信息安全。

（四）人事档案管理信息化建设

人事档案是指由人事、组织、劳动等部门在人员的考核管理活动中所形成的特殊档案，是个人经历、经验、能力的最真实记录。高校中的人事档案管理涉及

职工教学经验、社会关系、业务能力等多方面内容，通过查阅职工的个人档案，可得知其自身的综合能力，从而为人才的选拔提供依据。

高校人事档案管理工作信息化建设是指通过电子技术、网络技术的合理运用，实现电子文件管理。这里所提到的电子文件具有虚拟特性，即只在数字环境下生成，并以数字化形式保存在数字设备之中，可借助互联网进行传播。高校人事档案信息化使高校人事管理工作得到档案信息化的多维度服务，高校人事管理结构调整获得可靠依据。

1. 定量分析人事管理信息

高校在人事档案管理工作中科学地融入信息化技术手段，落实信息化建设，由浅层次来看，可以帮助相关工作者树立信息管理理念，并提高其工作质量及效率；由深层次来看，能够加快人事档案数据信息的收集整合的效率，提升完整度。

高校人事档案管理人员利用信息平台采集人事管理个体的人事档案基础信息以及岗位、培训、绩效、薪酬、外部环境等信息的同时，对数据信息进行数字化定量分析、科学预测，更大程度更深层次地挖掘人力资源价值，为高校提供人才引进培养、人事决策等方面的信息保障和价值依据。

2. 完善人事档案管理流程

一段时期以来，伴随着社会变革，高等教育目标与任务的较大变化带来高校人事管理工作实践形式的改变；很多高校通过引进人才的方式来优化师资队伍，但因专业人才、岗位变动、继续教育、培训情况等的档案信息的立、存、调等步骤较为烦琐，处理过程中难免会出现数据缺失、材料收集、整理、归档不及时和流程不规范现象，致使查阅不便并降低档案的完整性和利用率。

对人事档案管理实行信息化，则可以改善上述情况；在制定规范的人事档案管理信息化制度和标准的前提下，对现有档案材料按照由近及远的顺序进行数字化处理，录入档案管理系统中，可以降低人为因素的影响，在一定程度上解决档案材料收集整理不及时、不规范的问题，完善人事档案管理流程的同时也使档案管理和利用更加高效。

3. 提高流动人才档案的管理效率

高校招生规模在学校自身的快速发展过程中不断扩大，高校间以及高校与其他单位间的人员流动更加频繁，再加上每年有大量学生毕业，这些人员流动，带来大量的人事档案的转移、接收等工作；在此过程中，人事档案管理工作也随之出现档案材料缺失、失真，数据信息不全，工作量巨大等问题。

建立流动人才档案信息库、流动人才档案信息服务平台等方式，可以加快流动人才信息的接收、处理和传递，实现全方位、多层次的数据检索和处理，在授权范围内实现部门与部门、人员与人员之间的人事档案信息资源共享。信息化技术的融入可有效提升人事档案管理的工作效率和流动人才档案的管理效率，且出错率可大幅度降低。

4. 提升高校教育与科研水平

提高师资队伍建设水平是提升高校教育与科研水平的重要手段之一，因此，人事管理综合水平的高低决定着师资队伍建设水平，也间接决定着高校的办学质量。

通过有效措施进行相关数据内容与信息体系的整合管理，运用大数据等信息技术，再加入管理、教学、科研等数据，将一个个信息孤岛合并为智慧校园人力资源平台，形成高校人力资源动态全景图以优化师资队伍配置，提高人事档案管理综合水平进而为高校教育人才、科学研究等工作提供决策依据。交流、文化传承和科普宣传为一体的综合性展馆发挥重要作用。在大数据、智能化时代，大力发展智慧型博物馆，是激发博物馆创新力和活力的关键。

第三节 医院档案管理信息化建设的创新策略

医院档案是医院管理工作中必不可少的一部分，是医院的基础信息资源，影响着医院的有序健康发展。然而现阶段医院档案管理中存在诸多问题，影响医院管理水平的提升。为了适应当前社会的经济发展，推动医院的健康发展，加强医院档案规范化管理至关重要。

一、医院档案的地位与价值

（一）医院档案的地位

第一，实现会计档案管理人员的技术的专业性的有效提升。医院在开展管理工作的过程中，应当加强对于档案管理人员的考核和培训，为其提供学习与交流的机会，并且根据考核结果建立相应的奖罚制度，以此激发其自主学习的积极性。档案管理人员的技术的专业性的有效保障和进一步提升，可使会计档案更加体现出其价值性，进而保障医院档案在医院档案管理中的地位。

第二，建立专门的部门开展档案建设工作。为了实现医院档案内容完整性以及档案分类的系统性的有效保障，医院在开展管理工作的过程中，应当建立专门的部门开展档案的管理工作，并配备相应的人员。此外，有关人员要加强对于档案的管理工作的重视程度，以此有效地确保医院的各项收入的明确性。

第三，着重开展医院的经济管理工作。医院经济管理工作的开展状况，无疑是决定医院的发展前景的重要因素之一。在实践中着重开展医院的经济管理工作，将会计档案应用于工作的开展进程中，可以体现医院档案在医院档案管理中的地位的不可撼动性。

第四，将先进的信息技术应用于医院管理工作。随着科学技术的不断发展，信息技术在各行各业的开展进程中的应用也逐步地呈现普及性特点。将先进的信息技术应用于医院管理工作的开展进程中，可以有效地提升医院档案管理工作的开展的精确性和时效性，进而使得档案管理工作的开展为医院的整体发展提供更大的推动力。

档案管理人员的技术的专业性的进一步增强，可以有效地提升档案的真正效用的发挥，同时专门的档案管理部门的建立以及先进的科学技术的应用，都可以使档案在医院的档案管理工作开展进程中发挥出更大的功效，实现自身的地位的有效保障，引导医院获得更加广阔的发展空间和更加理想的发展前景。

（二）医院档案的价值

在明确了医院档案在医院档案管理中的应用现状后，开展医院档案在医院档案管理中的价值探究，根据医院档案在医院档案管理中的特点，主要可以将其所存在的价值总结归纳为如下四点：

第一，实现医院财务档案和财务资料的有效整理。医院档案的有效建立，可以进一步实现相关档案的有效整理。医院的档案管理人员，通过完成医院档案的整理工作，可使医院的各类资料的日期和类别得到明确的标注，并且按照其内容的重要性进行进一步的分类存储。

第二，进一步明确医院档案管理的内容和范围。以医院档案中财务档案为例，其主要包括医院的总账、单项账、日记账以及医院的总体资产和其他不固定的财产。因此，医院档案的建立可以有效实现医院财务管理内容和范围的明确性提升。同时，医院的档案中还包括医院签署的各项合同，这些合同内容的明确，也可以为医院管理工作的良好开展提供巨大的推动力，并增强医院管理工作的开展的流程性和秩序性。

第三，方便医院内部人员的资料查看。医院档案的有效建立，可使医院的高层人员在进行医院整体的管理工作中，能够有效地查看医院的医疗用品的采购合同、工程合同、技术合同，以及各项医疗票据，进而有效地掌控医院的各种状况。医院的管理人员以及相关的档案管理人员对于医院信息及档案情况的认识更加明确，可以有效地保障医院管理水平与成效，与此同时，也提升医院内部人员对资料查看查找的便捷性，从而凸显档案在医院档案管理中的关键性价值。

第四，明确医院财务档案的管理期限。医院档案在整体统计医院的年度财务情况方面扮演着至关重要的角色，确保医院的财务报告能够按照既定的管理期限进行有序排列。针对财务报告的重要性差异，其管理期限也应有所区分：对于具有高度重要性的财务报告，应设定为永久性管理期限；而对于重要性相对较低的财务报告，则可依据实际情况划分为五年、十五年等不同管理期限。

充分发挥医院会计档案在医院档案管理中的价值，有助于实现医院财务管理档案期限的明确化，进而提升档案管理的效率与质量。深入探究医院档案在医院档案管理中的价值，将其归结为以下三点：有效保障医院财务报告内容的完整性与系统性，为医院的财务管理工作提供真实可靠的数据支持，以及推动医院档案管理工作向规范化、专业化的方向发展。

二、医院档案管理信息化建设的优化策略

（一）提高医院档案的重视度

第一，通过对不同医院档案部门为档案管理信息化建设提供的数据支持频率，直观展示出强化档案管理部门工作内容能够帮助医院实现阶段性管理目标，从而在思维意识层面强化医院管理层对医院档案管理信息化建设的重视度。

第二，医院管理人员在扭转自身管理意识时，充分认识到新形势下医院档案管理模式是一项系统性的工程，而档案管理人员的工作质量将直接决定档案管理工作的优劣，从而由上而下地提高医院管理层对医院档案管理的重视度。

（二）强化档案管理技能

随着医院管理人员对医院内部的档案管理部门工作要求的逐步提高，通过强化档案管理技能的方式提高管理人员的管理水平已经成为新形势下档案部门的未来核心管理趋势之一。管理人员在实现强化档案管理技能这一目标时可以从以下两方面入手，通过管理措施之间的协同配合实现档案管理水平的提升。

第一，定期组织档案管理人员参与和提升档案管理技能相关的培训讲座，通过管理人员之间关于管理心得的交流综合提高工作人员的档案管理水平。

第二，针对后续档案管理工作需要引进具有一定管理技能的工作人员，以"鲇鱼效应"的方式提高档案部门的管理技能。

（三）加强医院档案管理的组织结构建设

档案管理人员作为档案管理信息化建设的直接实施人员，其对于档案管理的有效进行发挥着非常重要的影响，所以，想要提升档案管理信息化建设的有效性、合理性和科学性，就应该从增强医院档案管理组织结构建设工作入手，并且深入医院档案管理组织结构的部门整体与个人两个层面展开管理工作。

在医院档案管理部门的积极完善与建设过程中，医院必须有效地发挥其特有的优势与特点，构建拥有独立性优势的档案管理部门，并且将医院内部的经营管理以及医疗活动的所有详细档案的管理工作，都交由独立的档案管理部门统筹管

理，这样才能够保障医院档案管理信息化建设的协调性、集中性以及统筹性。

档案管理人员作为直接负责档案管理工作的人，其专业水平以及综合素养对于医院档案管理的整体水平以及成效有着很大的影响，所以相关部门必须加强对于档案管理人员的系统化培训，从而提升档案管理人员的实际专业水平和综合管理能力。

此外，在档案管理工作的开展过程中，应该根据医院的具体经营模式与实际现状，从而针对档案管理人员完善监管制度与相关的考核标准，促使档案管理人员加强自身的岗位责任感，从而进一步提升档案管理的质量与效率。

（四）深入强化医院整体综合服务质量

为了更好地解决医患关系之间的紧张矛盾，同时也为了更好地推进我国医疗体系的创新与升级，近年来我国对于医疗方面的管理机制进行了深化创新与深入发展，落实到医院的管理方面也发生了重大转变。

针对医院的整体管理开展深化的完善与改进，确保医院的整体管理水平获得极大的提升，保障医院的整体管理水平与临床科室的管理能力处于同一水平，这是强化医院整体综合服务质量的有效手段与途径。

此外，工作人员作为医院整体管理工作中的核心要素，其在医院档案管理信息化建设的开展中发挥着至关重要的作用，所以，想要推进医院整体管理水平，势必要从管理工作人员的综合能力出发。通过提供定期的管理知识培训之外，还可以向管理人员提供外出提升学习的机会，从而为医院的整体管理工作提供综合型的管理人才。

●●▶ 第四节 企业档案管理信息化建设的创新路径

一、企业档案的概述

（一）企业档案的性质

企业档案是企业各项职能活动的原始记录，是企业活动的真实凭证，包含了企业生产、经营、财务、管理、文化建设等各个方面的内容，因此，其对于企业的影响是多方位、多角度的。具体而言，企业档案的性质可概括为以下方面：

第一，企业档案是企业核心竞争力的重要组成部分。从信息管理的角度来看，企业档案记录了企业生产经营活动的成功经验和失败教训，是信息资源的重要组成部分。与企业人力资源、财力资源、技术资源等一样，信息资源也是企业资源中的重要组成部分，因此，企业档案是企业不可或缺的核心竞争力组成部分之一。企业信息包括企业在各项职能活动中形成的各类信息的总和，如图书、资料、新闻、情报、档案等，其中，档案是与企业活动最为息息相关、最真实可靠的信息，能全面反映企业的各项职能活动，其价值在企业信息体系中占据着重要的地位。

第二，企业档案是企业管理的重要工具。企业档案形成于企业各项职能活动中，与此同时，企业档案反过来能够成为企业创新的基础、改善企业管理的工具。企业档案作为管理工具是指在企业生产经营或科研产品开发过程中，与信息、情报、技术等综合发挥作用，影响企业管理决策的过程。例如通过有效利用以往形成的档案，便于企业管理者迅速掌握企业的内部情况（如生产线、技术设备、人才队伍等情况）和外部情况（如同行、同系统、国际等的情况），以以往各类信息作为企业决策的基础，调整企业的生产方向、制订企业的生产计划，在企业内部进行指挥、控制、组织等管理活动。

第三，企业档案是维护企业经济利益和合法权益的有力保证。一方面，借助企业档案能够实现对外生产计划的调整和对内的高效管理，预测未来市场发展趋势，增强企业的市场竞争力。另一方面，由于企业在市场竞争中不可避免地会遇到各种矛盾和纠纷，企业档案保存了大量与企业权益相关的法律凭证性材料，使得企业档案在企业发生经济纠纷事件时成为解决纠纷、维护企业经济利益和合法权益的重要法律凭证和经济技术依据，如销售合同，在企业发生重大事件或经济事故时，能够成为企业维权的有力依据。

第四，企业档案是塑造企业文化的基础。企业文化是企业所信奉并付诸实践的价值理念，企业档案是承载企业文化的重要载体，代表着企业的过去，企业档案能够为企业文化的塑造提供大量丰富的真实资料，在企业文化的塑造中扮演着重要的角色。首先，企业档案的教育宣传功能为企业形象宣传提供最客观的记录，企业档案的凭证价值和参考价值对外可以为人们提供可证明企业信誉的真实记录（如企业的经营业绩、用户反馈资料等）。其次，发挥企业档案的激励功能，对内通过对与企业历史有关的档案进行汇编，可实现企业发展史的生动再现，便于加深员工对于企业发展历程的了解，增强员工对企业的归属感、凝聚力。最后，发挥企业档案的借鉴和参考功能，通过对企业档案的浏览，可总结以往管理中存在的问题、处理方法，汲取经验，为员工创造融洽、轻松的工作氛围。

（二）企业档案与企业形象塑造

企业档案全面记录企业的历史，反映企业的成长。不管是企业员工还是社会公众，了解企业的发展历史之后都更有利于企业在这些群体中塑造优秀的企业形象，同时渗透企业的文化。企业利用企业档案能够开展企业形象策划，设计企业标志、策划企业理念等，对内能够促进企业员工的工作动力，对外能够在社会上树立企业形象，提高企业在社会和公众心目中的知名度。

企业档案对企业形象塑造的作用分别表现在企业档案对产品形象、营销服务形象和社会责任形象塑造这三个方面。

第一，对产品形象塑造的作用。产品是企业形象的基础，服务是企业形象的根本。①在知识产权方面，企业的知识产权档案是企业维护自主知识产权的重要凭证，可以维护企业产品品牌形象。②运用产品档案提高产品形象。③产品档案为新产品的生产提供技术参考。④产品档案为产品创新服务。⑤运用历史档案塑造企业历史形象。

第二，对营销服务形象塑造的作用。①建立一个完整、全面的资料库，也就是企业客户档案，通过了解客户的产品需求种类、产品需求数量、对本企业的表扬和投诉情况、以往交流的时间、地点以及谈话记录等，全面地掌握客户的基本信息和消费习惯，更有针对性地为客户提供个性化贴心服务。②企业档案中包含丰富的产品档案、客户档案、科技档案等，为营销人员编写宣传手册提供丰富的材料。同时，档案中对产品信息等详细的记载也为营销人员深入了解宣传内容提供极大的帮助。③运用客户档案改善服务形象。④通过企业档案塑造社会信赖的营销形象。

第三，对社会责任形象塑造的作用。企业社会责任形象是指公众对于企业履行社会责任表现的综合评价和印象。①运用信用档案塑造企业良好的守法形象。②运用社会责任档案树立企业的社会责任形象。

二、企业档案管理信息化建设路径

（一）明确建设目标

"档案信息化是企业信息化建设的重要组成部分，推进档案信息化建设可谓任重道远，必须站在可持续发展的高度，科学规划，积极推进，不断提高档案信息资源的开采面、利用率，真正实现信息资源共享，为企业科学和谐发展提供服务。"① 企业档案管理信息化建设的首要任务是明确建设目标。这个目标应与企业整体战略目标紧密相连，确保信息化建设的方向与企业发展方向一致，从而推动企业整体发展。明确的建设目标还能够指导整个信息化建设的进程，使各项任务有序开展。

在设定建设目标时，需要充分考虑企业的实际需求和发展方向。同时，目标应具有可操作性、可衡量性和可持续性，便于对建设过程进行监控和评估。此外，还需要注意目标的可实现性，避免设定过于宏大或不切实际的目标，导致信息化建设进程受阻或无法达到预期效果。

（二）制订建设规划

在明确建设目标的基础上，企业应制订详细的档案管理信息化建设规划。规划应全面考虑企业的实际情况和发展需求，明确建设内容、建设步骤、时间安排和资源需求等方面的具体内容。

建设规划应具有前瞻性和灵活性，以适应未来企业发展和技术变革的需求。同时，规划还应注重细节，确保每一步骤都有明确的执行方案和责任人，便于对

---

① 葛红. 企业档案信息化建设的实践与思考 [J]. 档案学通讯，2011（01）：92.

建设过程进行监控和评估。

在制订规划时，企业可以借鉴其他行业的成功经验，结合自身的实际情况进行创新和调整。此外，还可以邀请专业人士参与规划的制订，以提高规划的科学性和可操作性。

（三）搭建信息化平台

第一，档案信息的数字化采集与存储。通过扫描、拍照等方式将纸质档案转化为数字档案，实现档案信息的数字化存储，提高档案查询和利用效率。

第二，档案信息的查询与共享。平台应提供便捷的查询功能，支持多种查询方式，如关键字查询、分类查询等，方便用户快速获取所需档案信息。同时，通过权限管理实现档案信息的共享，促进企业内部信息的流通和共享。

第三，档案信息的挖掘与分析。利用数据挖掘技术对档案信息进行深入分析，提取有价值的信息供企业决策参考。通过对档案信息的挖掘和分析，可以发现企业运营中的问题和不足，为企业的战略规划和决策提供有力支持。

第四，档案信息安全保障。平台应采用先进的数据加密技术、备份技术等手段，确保档案信息的安全性，防止信息泄露或被篡改。同时，还应建立完善的档案管理流程，规范档案管理人员的操作行为，确保档案信息的完整性和真实性。

（四）完善档案管理制度

企业档案管理信息化建设需要完善的档案管理制度作为保障。制度应涵盖档案收集、整理、存储、利用和保密等方面的规定，确保档案管理的规范性和有效性。

在完善档案管理制度时，企业需要根据自身的实际情况和需求进行制定和调整。制度应具有可操作性和灵活性，以适应不同部门和不同档案类型的管理需求。同时，还需要加强对制度执行情况的监督和检查，确保制度得到有效执行。

（五）加强人才队伍建设

企业档案管理信息化建设需要一支高素质的人才队伍作为支撑。企业应加强对档案管理人员的培训和教育，提高其信息技术应用能力和档案管理水平。通过定期举办培训班、研讨会等活动，让档案管理人员掌握最新的信息技术和档案管理知识，提高其综合素质。

同时，企业还应积极引进具有信息技术背景的专业人才，为企业档案管理信息化建设提供有力的人才保障。这些专业人才可以给企业带来新的技术和管理理念，推动档案管理信息化建设的不断进步。

（六）持续优化与改进

企业档案管理信息化建设是一个持续优化的过程。企业应定期对档案管理信息化建设进行评估和总结，发现问题及时改进和优化。同时，还需要关注新技术的发展和应用趋势，及时将新技术引入档案管理信息化建设中，推动档案管理信息化水平的不断提高。

在持续优化与改进的过程中，企业还需要加强与其他企业的交流与合作，共同分享档案管理信息化建设的经验和成果。通过借鉴其他企业的成功经验，可以更好地推动自身档案管理信息化建设的进程。

第七章　档案事业的发展策略与现代化进程探究

●●▶ 第一节　中国档案记忆工程的推进策略

档案作为社会记忆建构的重要客体，其原始记录性的本质属性使其所建构或参与建构的社会记忆更具有确切性。"档案记忆能够建立起个体记忆与国家记忆之间的关联，对我国档案事业发展具有重要意义。"[①] 档案记忆工程，简称档案记忆，是指档案馆以主动记录城市面貌为主要手段，通过档案工作者的主观选择，记录和保存城市历史、文化、社会、经济等方面的信息，以构建城市记忆的一种社会实践活动。它强调档案部门从被动的记录者转变为积极的参与者，从记录城市的历史文化和建筑风貌，转变为记录城市的社会记忆建构和传承。

一、中国档案记忆工程的特点

中国档案记忆工程是一项由国家档案局主导，各级档案部门积极响应并深入参与的重要工程。这一工程的推进机制上下联动，充分发挥国家与地方档案部门的协同作用，确保了工程的高效实施。

档案记忆工程的实施范围广泛，主题丰富多样，涵盖各个领域的档案工作，包括但不限于重大战略、重大工程、重大项目、重大活动以及重特大事件等。这些主题既体现了国家发展的历史脉络，又反映社会变迁的丰富内涵，使得档案记忆工程具有极高的历史价值和社会意义。

作为国家的重点工程，档案记忆工程的内容十分多样。它不仅关注档案资源体系的建设，还注重标准规范的制定以及评估监管的完善。这些方面的努力确保

---

① 王雨晴，于英香．"十四五"期间我国档案记忆工程的推进与思考［J］．北京档案，2024（02）：24．

了工程的全面性和有效性，使得档案记忆工程能够在实际操作中发挥更大的作用。

档案资源的覆盖面广泛，内容丰富，形式多样。除了传统的纸质档案外，还包括照片、录音、录像、电子和实物档案等多种类型。这些档案资源不仅记录历史事实，还展现文化风貌，为后人提供宝贵的历史资料和文化遗产。

档案资源的来源途径也十分广泛。除了接收进馆档案外，还积极征集社会散存档案，以丰富档案资源的内容和形式。这种多元化的来源途径不仅确保了资源的全面性和多样性，还使得档案记忆工程更加贴近社会实际，更具现实意义。

在档案资源的管理和服务方面，各级档案部门不断提升能力水平。他们积极采用现代技术手段，推进档案数字化处理，建设高效的检索系统，加强档案保护与修复工作，并推动档案共享与利用。这些措施不仅提高了档案管理的效率和质量，还使得档案资源更加易于获取和利用，为学术研究和社会服务提供有力支持。

档案记忆工程还注重理论与实践的相结合。在推进工程的过程中，不仅注重实践操作，还深入研究档案记忆观的理论基础和思想内涵。这种理论与实践的结合不仅推动档案记忆理论的发展，还为工程实施提供坚实的理论基础和指导思想。

此外，档案记忆工程还与社会记忆工程相辅相成，共同促进社会记忆的建构和发展。通过深入挖掘和整理档案资源，档案记忆工程为社会记忆工程提供丰富的历史资料和文化遗产。同时，社会记忆工程也为档案记忆工程提供更广阔的应用场景和更深入的社会价值体现。

二、中国档案记忆工程的推进措施

（一）资源聚合：建立档案记忆库，实现记忆留存

目前，我国已开展了城市记忆工程、乡村记忆工程、高校记忆工程、物质文化遗产工程、非物质文化遗产工程等多种记忆工程，在收集城市发展档案、乡村振兴档案、非遗档案等方面取得了重要成就。由此可见，为留存档案记忆，可通

过实施档案记忆项目和建立档案记忆库来实现档案记忆资源的收集。档案记忆资源收集工作将围绕国家记忆工程和地方记忆工程两个层面展开。

第一，坚持以国家记忆工程为中心，档案部门要主动收集涉及国家重大战略、重大活动、重大事件的档案资源，用档案留存我国在实现中国式现代化过程中的时代记忆，让档案见证我国在全面建设社会主义现代化国家中创造的伟大奇迹。

第二，各省区市要持续开展地方记忆工程，各级档案馆要细化档案收集指标，保证档案收集质量，优化城乡记忆工程建设，收集具有区域特征、记录地方历史文化的档案记忆资源，为建立专题档案数据库提供充足的资源支持。

此外，地方还要重视口述档案史料、非遗档案资源的收集工作，除档案部门主动采访相关人员外，还可借助民间力量或通过机构合作等方式，全方面收集散落在民间的档案记忆资源，做好口述历史建档、非遗建档。

（二）技术赋能：打造档案文化品牌，推动记忆传承

档案文化品牌代表着档案资源的外在形象，在提升档案文化影响力与传承档案记忆方面发挥着重要作用。我国借助数字技术优势，深挖档案记忆资源内容，创新档案产品形式，打造地方档案文化品牌，实现档案记忆的传承。

第一，对档案记忆资源进行知识化组织和系统化编纂，厘清地方记忆发展脉络。各地可结合地方文化特点或记忆工程内容开展数字编研，对档案信息资源进行深层次加工，借助知识关联等技术实现档案资源的有序化组织和专题化编纂。

第二，挖掘档案记忆元素，实现沉浸式数字叙事。抽象的记忆通过附着于物质载体或借助叙事的方式为人所感知，地方档案馆可依托 3D 投影等数字媒介技术，通过故事化、可视化等方式开发地方记忆资源，推出档案记忆精品，形成档案文化品牌。

第三，借助数字人文平台等传播档案文化品牌，提升档案文化影响力。可定位区域优势，区域协调发展等战略，运用数字人文、元宇宙等技术手段，展示档案记忆资源开发成果。例如"跟着档案观上海"数字人文平台被打造成一个独具海派特色的档案文化传播和档案查询平台，向公众直观展示上海的历史记忆。

（三）协同保护：保障档案遗产安全，确保记忆延续

实现记忆的传承需要以记忆的延续为前提，档案既是承载记忆的载体，部分档案自身也能直接引起群体对过去的回忆，可视为一种记忆资源，如甲骨档案。保护好档案资源，对于记忆的延续和保证历史真实性具有重要意义，如我国在古村落保护、档案文献申遗等方面取得了一定成果。随着大数据、人工智能等新一代技术的发展，各地越来越注重发挥数字技术在档案保护中的作用，如影像档案的数字修复。

从档案实体安全和档案信息安全两方面来保障档案记忆资源安全，注重多主体、多层面的协同保护。在档案实体保护上，一方面，各省市可结合当地档案资源特点，积极申报省级档案文献遗产名录、《中国档案文献遗产名录》及《世界记忆名录》，助推档案记忆资源的永久保存。重视发挥北京市、苏州市等世界记忆项目学术中心的优势，加强对文献遗产档案和馆藏珍贵档案的预防性保护，并对破损档案进行抢救性修复。另一方面，鼓励企业、科研机构、古籍保护机构等多主体协同参与档案保护，在加强各区域性国家重点档案保护中心建设的同时引入社会力量。

在档案信息安全上，由于数字环境复杂性的特点，数字记忆的真实性和长期保存问题亟须关注。保证数字记忆的真实性就要防止档案记忆被篡改，尤其要关注对原生数字记忆的管理，可借助 AI 算法对数字记忆进行鉴定，识别出虚假记忆。此外，还可通过实施数字记忆项目来实现对数字记忆的保护。例如我国的数字敦煌和高迁数字记忆项目在全国范围内产生了较大影响，不仅实现了对历史文化遗产的开发式保护，更引发了社会对历史文化记忆保护的关注，推动地方记忆的赓续。

三、"世界记忆工程"背景下档案文献遗产的档案记忆保护

档案是国家的"记忆"，档案记忆观是"社会记忆"理论在档案学领域的发展。它要求档案工作从高层转向基层，关注与人民生产生活相关的档案。档案记忆观要求将文献遗产保护上升到传承国家、世界、人类记忆的高度，并强调保护

档案文献遗产对民族记忆延续和国家历史完整的重要性。此外，档案记忆观与档案文献遗产保护实践相互促进、互为完善。

"世界记忆工程"为档案文献遗产保护提供新机会、新媒介、新平台，是档案记忆观在实践中的体现。它使得更多档案得到展示和利用，提高档案文献遗产的地位和利用价值。档案记忆观对档案文献遗产保护提出新要求，包括从记忆保存的角度看问题、集中管理分散记忆、运用新技术保护脆弱记忆载体、开发多样记忆宣传方式以及引导全民参与保护。档案部门应寻求合作，整合开发分散记忆，运用新技术提高效率，与其他文化行业合作推广记忆，引导公众参与保护，共同壮大档案文献遗产保护的队伍。"世界记忆工程"背景下档案文献遗产档案记忆保护的推进策略如下：

（一）优化保护条件，为文献遗产保护提供保障

1. 完善政策法规与标准体系，筑牢保护法治屏障

借鉴国内外先进立法经验，加快完善相关法律法规。一方面，以《非物质文化遗产保护法》《文物保护法》《档案法》为基础，推动制定综合性文化遗产保护法，将档案文献遗产纳入国家文化遗产保护范畴，明确保护宗旨、管理办法及各部门职责。另一方面，在条件成熟时，可考虑制定专门的文献遗产保护法，对文献遗产的法律地位、概念界定及主管部门等进行明确规定。此外，还应从文献挖掘、管理、研究、申报等方面出台配套政策，鼓励社会各界积极参与。

在标准体系建设方面，应依托行业专家力量，制定和完善档案文献遗产保护的标准体系。这包括文献挖掘、保存、申报等各环节的标准制定，以确保保护工作有章可循、规范有序。同时，对于经济条件较好的单位，可建立专家库，制订管理方案和价值评定方案等规范性文件，提高保护工作的专业性和科学性。

2. 加大技术投入，推进档案文献遗产数字化进程

随着信息技术的飞速发展，数字化已成为档案文献遗产保护的重要手段。因此，应加大技术投入，推动档案文献遗产的数字化工作。具体包括：加强文献信息修复技术研究，采用先进技术手段对破损文献进行修复；推进文献信息转移工作，利用高性能电脑设备、扫描设备、摄影设备及配套软件实现文献信息的数字

化转换；引进和培养技术人才，通过人才引进和内部培养相结合的方式，打造一支专业化的技术团队，为数字化工作提供有力支撑。

此外，还应充分利用数字化成果，借助记忆工程平台和视野焦点，拓展档案文献遗产的历史故事和文化内涵，增强社会公众对档案文献遗产的认知和认同。

3. 强化文献遗产保护教育，提升全社会保护意识

教育，是提升全社会档案文献遗产保护意识的重要途径。在专业学科教育方面，应推动大学设立文化遗产学院或相关学科专业，培养具备专业素养的科研人员和传承人才。在社会教育方面，国家档案部门和高等教育机构应发挥引领作用，开展在职员工培训和普及教育活动，提高社会各界对档案文献遗产保护工作的关注度和参与度。同时，还应通过举办专题讲座、座谈会、展览等形式多样的活动，普及档案文献遗产保护知识，增强公众的保护意识和责任感。

（二）集结各保护主体，壮大记忆工程队伍

1. 深化宣传，扩大参与主体范围

加强对民间文化遗产协会等组织的引导与扶持，充分发挥其在民间文献遗产挖掘与保护方面的独特作用。同时，加强与新闻媒体的合作，通过微博热搜、话题讨论、新闻报道等多种形式，提高公众对档案文献遗产保护的关注度和参与度。此行积极邀请企业组织、志愿组织等社会力量参与，共同推动档案文献遗产保护的数字化、网络化进程。

在扩大参与主体的同时，还应注重提高公众的档案文献遗产保护意识。通过举办讲座、展览、公益活动等形式，向公众普及档案文献遗产的价值和意义，引导其树立正确的文化遗产保护观念。

2. 加强官方主体协作，形成合力效应

通过战略规划或建立协同保护机制，促进各主体之间的紧密合作与资源共享。政府部门应发挥主导作用，设立专门的文化遗产保护部门或机构，统筹协调各方力量，制定并执行相关政策法规。同时，定期举办文化遗产专题研究会议，邀请各相关主管部门和专家学者共同探讨文化遗产保护问题，推动各主体之间的

交流与合作。

各官方文化机构应提高责任意识，积极履行文化遗产挖掘和保护职责。不仅要关注本行业的绩效展示，更要注重跨地区、跨行业的文化遗产共享利用。通过建立协同保护协议和机制，共同制订文化遗产保护年度战略计划，并借助互联网技术开发设计集成的档案文献遗产网络信息系统，实现信息资源的共享与互通。

此外，还应加强行业内部的沟通与合作，特别是在经济欠发达地区。这些地区往往拥有丰富的原始性文化遗产，但保存状态较为濒危。因此，应秉持互帮互助的原则，建立区域合作关系，集结区域力量共同保护当地的档案文献遗产。

（三）明晰文献状况，推进国内各级记忆工程建设

1. 扎实开展文献调查工作，全面挖掘散落档案文献遗产

全面摸清馆藏机构的档案文献遗产状况，并对散落各地的档案文献遗产进行详尽的搜寻与整理。为确保调查工作的顺利进行，须由国家权威部门及国家档案局牵头，设立专项资金，精心组织并协调行业间与系统内部的调查布局。根据实际情况，可采取区域集中调查与以特定文献遗产为对象的全国普查相结合的方式。调查工作应分为机构自查、数据上报与筛查、专题会议等阶段，逐级汇总并公布各机构上报的文献状况，并讨论下一步的管理、修复与利用工作。此举旨在全面摸清文献数量，为后续记忆工程建设奠定坚实的基础。

针对散落文献的挖掘工作，应设计科学合理的调查方案，并加大宣传力度，争取地方政府及文化部门的支持与合作。通过实地调查、重点访谈、问卷调查等多种形式，广泛收集文献遗产的类型、保存地、数量及保存状况等信息。同时，应充分调动高校知识分子、民间协会人士及当地向导的积极性，共同参与到调查工作中来。在调查过程中，应根据实际情况及时调整调查方案，确保调查结果的准确性和完整性。最后，对调查数据进行深入统计分析，为档案文献遗产保护工作的调整和优化提供科学依据。

为满足现代化捐赠需求，可建立"互联网+文献遗产"平台，方便公众参与捐赠及提出宝贵意见，进一步提高文献遗产保护工作的透明度和参与度。

2. 积极协助并推动各省记忆工程建设进程

国家档案局及地方政府应高度重视地方记忆项目的开展，将其纳入地区发展规划，作为社会发展的重要组成部分。同时，针对未启动记忆项目的省份，应深入调查影响因素，制定针对性的政策支持与资金扶持措施，确保项目的顺利推进。

在具体实施过程中，应建立有效的协调机制，推动地方保护工作的顺利开展。通过实施"一对一"或"一对二"的帮扶制度，实现先发展地区对后发展地区的带动效应，共同推动地方档案文献遗产名录的建立与完善。鉴于东中西部经济与社会发展水平的差异，建议东部地区采取省级记忆工程方案，充分发挥各省的自身优势；中西部地区则可采取区域合作模式，整合区域资源，共同建立区域档案文献遗产名录并进行规范化管理。此外，应定期组织建设经验研讨会等活动，促进各地之间的交流与合作，共同推动记忆工程建设的不断优化与发展。

同时，应注重线上与线下相结合的记忆工程建设方式。在加强线下名录建设的基础上，应投入专项资金用于记忆网站的建设与维护工作，及时发布建设成果与进程信息，方便学者、历史爱好者及普通公民的研究与了解。通过线上线下的有机结合，进一步拓宽记忆工程的传播渠道与影响力，为传承与弘扬中华优秀传统文化做出积极贡献。

（四）做好名录申报与文献管理工作，留存世界记忆

借鉴此国际先进经验，着力加强档案文献遗产申报的连续性与合作性。连续性主要体现在档案文献内容的主题连贯性上，即确保每次申报的档案文献在主题上具有内在的逻辑联系。在档案文献遗产的保管过程中，我们强调各保管主体之间的协作配合，同样地，在申报工作中也需达成广泛的合作共识。档案文献遗产申报的合作性主要体现在馆藏机构之间的联合申报，尤其是跨地区和跨国别的联合申报。

自我国参与"世界记忆工程"并启动"中国档案文献遗产工程"以来，申报工作取得了显著成效。在档案文献的线上管理方面，积极开发和管理记忆网站，借鉴我国"中国非物质文化遗产网"的建设经验和成效，不断提升网站的建

设水平和优化效果。在条件成熟时，鼓励建立各个项目的专题网站，以丰富网站内容、提升用户体验。记忆网站应涵盖失去的记忆、濒危的记忆、进行中的活动、法规标准等多元信息，全面展示我国档案文献遗产的丰富内涵和保护成果。同时，应及时补充每次活动结束后的相关信息，确保网站的时效性和准确性。

在文献信息的线下开发方面，根据丰富的档案文献遗产历史设计文创产品和周边衍生品。在这方面，与故宫博物院等文化机构开展合作，借助其优秀的文创发展平台，共同开发具有文化内涵和市场潜力的文创产品。

第二节　中国档案自主知识、话语体系构建

一、中国档案自主知识体系构建

中国自主的档案学知识体系是中国档案学人面向时代发展与中国实际，立足解决中国档案学科发展和档案事业转型过程中面临的新问题与新挑战，秉承贯古通今与融汇中外的历史观与全局观，独立自主地开展学术研究，从而得出的具有中国特色、中国气派与中国风格的原创性、创新性档案思想观点、档案方法理论、档案命题论断等一系列档案知识单元的有序化、系统化集合。

（一）中国自主的档案学知识体系的生成动因

档案学作为哲学社会科学体系中的重要组成部分，其知识体系的构建应当紧密围绕回答中国之问、世界之问、人民之问、时代之问这一核心逻辑进行。具体而言，应以面向档案事业的转型需求、全球治理的参与需求、利民服务的实施需求以及学科创新的推动需求为出发点，致力于提出具有中国特色的思路与解决方案。

在档案事业转型的大背景下，我们面临着治理体系优化、资源配置效率提升、信息化水平提高等多重问题。为应对这些挑战，构建具备自主创新能力的档案学知识体系，以提供科学的理论指导和实践指南。

同时，全球档案学人共同面临着诸多亟待解决的问题，中国作为档案事业大国，应积极参与全球治理进程，贡献中国智慧，增强国际话语表达能力。通过构建具有中国特色的档案学知识体系，为全球档案事业的发展提供有益的借鉴和参考。

此外，档案事业作为服务人民的重要领域，必须始终贯彻人民立场，将人民的需求和利益放在首位。因此，在构建档案学知识体系的过程中，充分考虑人民的需求和期望，提出切实可行的解决方案，以满足人民群众对档案工作的期待和要求。

随着新兴技术的不断涌现和应用，档案领域正面临着前所未有的挑战和机遇。为应对这些挑战并抓住机遇，构建具备自主创新能力的档案学知识体系，以巩固和提升档案学的学科地位，推动档案事业的持续健康发展。

（二）中国自主的档案学知识体系的构建路径

中国自主的知识体系构建，要立足中国实际，解决中国问题，推进知识、理论、方法创新，使中国特色哲学社会科学屹立于世界学术之林。档案学人应把握构建中国自主的知识体系的方向，保持学术自觉与自信，开展交流对话，进行前沿创新的档案学研究，构建具有中国特色、风格、气派的中国自主的档案学知识体系。

第一，主体层。提高思想站位，培育研究精神。人是知识生产、创造、发展的主体，档案学人须提高学术思想站位，培育学术自觉和自信意识。档案学人须认识到构建中国自主的档案学知识体系的意义，明确基本问题，建立使命感、责任感与认同感，将研究重点汇聚到构建知识体系上来。

第二，内容层。鉴往知今，开放融合。构建中国自主的档案学知识体系须追溯档案学史，汲取前人经验。随着社会经济、文化与科技的进步，档案学研究的视野、角度、理论、对象、方法逐渐多元化。这些学术成果是构建知识体系的坚实根基。

构建中国自主的档案学知识体系须立足时代背景，面向现实实践。知识与实践相互依存，构建知识体系无法脱离档案实践。中国档案学人应深刻认识优秀学术成果的历史价值与内涵，为夯实知识体系提供思想动能。

（三）中国自主的档案学交叉学科知识体系构建

新兴交叉学科不仅正在成为我国科技创新的重要驱动力，并不断催生新的学科生长点和新的科学前沿，也已成为我国面向中华民族伟大复兴战略全局和世界百年未有之大变局，围绕建设世界一流大学和一流学科的高质量发展诉求，推动高等教育强国建设的战略选择。时下，交叉学科建设是我国第二轮"双一流"建设的突破口，档案学具有较为明显的交叉性特征。加快构建中国特色哲学社会科学，归根结底是建构中国自主的知识体系。为加快构建中国特色档案学学科体系、学术体系、话语体系指明了构建自主的知识体系这一新方向。

中国自主的档案学交叉学科知识体系构建是推动我国科技创新、建设世界一流大学和一流学科的重要途径。

1. 档案学交叉学科知识体系的范畴

档案学具有显著的交叉性特征，与多个学科领域存在知识交叉。主要表现在以下方面：

（1）跨一级学科社会科学交叉知识体系。档案学与哲学、历史学、法学等学科的知识交叉，如档案价值论、历史文书学、档案法学等。

（2）跨一级学科自然科学交叉知识体系。档案学与信息科学的知识交叉，如档案信息化建设、电子文件长期保存等。

（3）一级学科交叉知识体系。档案学与图书馆学、情报学的知识交叉，如图书馆文献管理学、用户管理学、数据管理学等。

（4）档案学分支学科知识交叉。档案信息化领域与哲学、数字人文、信息科学等学科的知识交叉。

2. 档案学交叉知识体系的发展特点

（1）外部衔接与内部融贯相结合。档案学与跨一级学科、本一级学科、各分支学科内部在研究问题、研究对象、研究方法等方面的交叉所形成的纵横联动、多维融合的理论和实践知识体系。

（2）理论构建与实践演进相结合。在档案保护技术学、档案文献编纂学、文书学等领域，将理论构建与实践演进相结合，推动学科发展。

（3）人文驱动与技术驱动相结合。信息技术的发展为档案学实现人文驱动与技术驱动提供强大的引擎，如数字人文研究在多资源互补、多媒体连通等方面的特点。

总之，在推动高质量发展的时代背景下，致力于实现中国自主的档案学交叉学科知识体系建设布局，以满足国家和社会对高质量档案人才的需求。同时，面对学科话语建设的迫切需求，积极推动档案学知识体系建设的跨界交叉融合，以提升档案学的学科地位和影响力。此外，为响应人才强国战略，我们还应构建中国自主的交叉学科人才培养模式，培养具备跨学科知识和创新能力的档案学人才，为国家的档案事业发展和现代化建设提供有力的人才保障。

二、中国档案话语体系构建

（一）运用档案构建中华文明国家话语体系的优势

1. 制度优势

（1）完整的全国档案馆网体系，可以保证全面记录全体人民以及民族复兴的方方面面，自然也涉及中华文明的方方面面。自 1992 年国家档案局发布《全国档案馆设置原则和布局方案》以来，我国在坚持统一领导、分级管理、重点发展原有各级国家综合档案馆的原则下，已经形成一个包括国家档案馆、部门档案馆、国有企事业单位档案馆等不同层级、不同类型档案馆所构成的全国档案馆网体系，在此基础上所建设的档案资源体系，不仅覆盖了全体人民——档案是人民群众生活的见证与记录，反映着人民的思想、感情与期待，而且覆盖了中华民族伟大复兴，例如国家档案局发布的全面记录新时代新成就的系列工程，这种全面覆盖，既面向过去，又记录现在，还面向未来，例如智慧档案馆和档案数据化，从时间线上把中华文明完整串联了起来。

（2）完善的档案精品遴选制度，可以保证各省市以及各民族、各朝代的档案精品都被收集、整理、整合、加工、挑选和推广出去。国家档案事业担负着记录历史、传承文明、服务社会的神圣职责，将具有世界的、国家的、民族的历史文化价值的代表性档案文献、理论成果和文化精品挑选出来，凝聚为"国家档案精品"，是提升中国文化影响力、增强中国国际话语权的有效策略。"国家档案精品建设"可以涵盖制度、资源与学术三个方面，包括档案管理体制层面的制度精品，如体现中国特色的档案体制及依此衍生的工作机制；档案信息资源层面的资源精品，如体现民族特色的档案文献及依此开发的文创产品，如既扎根中国档案实际又对接世界记忆项目的中国档案文献遗产工程；档案学术研究层面的学术精品，如体现学科特色的专有理论及中西合璧的学术理论。

（3）服务中国特色大国外交的档案制度。档案工作并不直接参与国家外交事务，档案体制机制也不会直接纳入国家外交体系之中，但是并不妨碍档案、档案工作、国家档案事业直接或间接地参与、服务国家外交、国际交流。例如英雄人物和国际会议，是服务中国特色大国外交的一个缩影，是看得见的显性成绩，看不见的还有支撑起英雄人物和重要事迹的中国档案工作者，以及把大家凝聚在一起的档案外事制度。

2. 理论优势

（1）档案管理理论方面，这是档案得以全面记录、有效长存以及形成独特原生品格的理论优势。档案是记录与传承中国政治、经济、历史、文化、民俗等发展脉络的文明印记。在中国古代，为确保文档的凭证性，古人以刑法为后盾建立了一整套旨在控制文档真实性的社会规则，例如为文档作伪者设计风险，对文档工作者进行责任控制，以文书用印制、文卷交结制和档案副本制形成约束机制。不止于文书档案，在诠释中国古代科技文明方面，通过档案工作总结出来的管理理论同样功不可没，例如关于故宫古建筑修缮的一套完整档案，不仅记录了修缮进程，而且在配合维修工程进行勘察设计、资料收集、测绘建档、古建数据库建立的基础上，记录了研究进程，便于每一处工程竣工后编辑出版修缮工程报告。在中国当代，1949 年中华人民共和国成立、社会主义建设、改革开放等国家重要事件的照片档案见证了政治、经济、外交等建设情况；国家领导人重要批示的手稿档案和音视频档案见证了国家各项政策的制定和发展历程。有了档案管理理论的支撑，档案才能见证中华人民共和国成立初期的百废待兴到新时代建设中国特色社会主义事业、实现中华民族伟大复兴的中国梦的伟大征程，为研究中国科技文明、经济文明、政治文明等提供重要的原始依据。

（2）档案文化理论方面，这是档案得以积淀文化、传承文明以及形成独特文化气质的理论优势。以档案积淀文化，即支撑作用。档案作为承载中国精神、中国价值、中国力量的最具真实性的记录，在讲述中国故事、传播中国文化方面有不可替代的优势。档案本身是文化的产物，它作为一种文化现象和文化载体又反过来作用于文化的传承与延续，这种文化传承有时借助于档案本身的流传，有时则以档案经常作为历史和其他学科研究的第一手资料转载于其著述之中，因为档案是最真实、最可信的记录，是文化中没有"掺水"的史料。

以档案传承文化，即桥梁作用。档案文化是以档案实体为原点延伸开来的文化探讨，既包括档案实体文化，又包括档案事业文化及档案学文化，档案事业文化、档案学文化以及档案蕴含的文化知识都是以档案实体为基础的。档案文化是更大范围内的文化的组成部分。2012 年 4 月 15 日，中国民间文艺家协会专门将《中国唐卡艺术集成》更名为《中国唐卡文化档案》，体现出相关社团组织对于档案文化之理论内涵的传承。广东省档案局深入挖掘广东省侨批档案所承载的诚信文化内涵，在档案宣传过程中选取具有突出贡献的企业家、侨界代表作为诚信榜样，体现出档案部门对于诚信文化之理论内核的凝聚。相关部门和档案部门的探索实则为档案文化理论创新提供一个思路，即认可档案在文化建设中独一无二的桥梁作用以及在此基础上探索凝聚中国文化的理与路。

以档案建设文化，即凝聚作用。文化资源除了以文物等实物形式存在外，更多以报刊、图书、档案等文献形式记载，尤其在古代，人类出版事业并不发达，文化主要以档案形式记录。近代以来，形成数量庞大、内容丰富、载体多样的记录国家历史的档案资源，与文物、图书等共同记录中华文明，传承民族精神，构筑起中华优秀传统文化的根和魂。根据文化建设不同时期、不同地域的需要，可以将档案组成不同主题的资源集合，更好地聚焦文化内涵，提炼精神内核。

3. 资源优势

（1）资源的原生优势。一个国家历史和文化传承的水平代表了这个国家的文明程度，进而言之，要被认为是文明国家，必须有"文明的支撑"，中华文明的话语体系及其根据就是伴随国家、民族和社会发展的档案资源，通过明晰、固化国家过去和现在文化、记忆上的显著特征，成为中华文明传承的重要载体和中华文明精神的原始记录。五千年文明史中，中华民族形成大量具有代表性和标志性的中华文明特色档案文献遗产。

文明程度的高低以及文化认同的程度，一件件原始的档案文献让中华文明的根基更加牢固，形象更加可观、可触、可感，从而对内构建优秀传统文化认同感，有利于划清本国文化与外国文化之间的界限。

（2）资源的整合优势。中华文明对外叙事需要用真正涵盖文明的智慧去讲述、传播和触动外界，为解决文明冲突贡献中国智慧。档案作为记载国家在社会、经济、外交、文化等各方面的史实，是中华文明最深层、最持久的智慧表达，而围绕档案所进行的编纂等资源整合工作同样历史悠久且成果丰硕，历朝历代所整合的系列特色档案，也已形成高品质中华文明，在世界格局加速演进、文化冲突日益加重的当下，亟须以档案作为文明交流、促进文明共存的重要介质。

（二）运用档案构建中华文明国家话语体系的方案

1. 全面覆盖夯实档案资源体系

从上层来看，从"良政还是劣政"的"文明国家"话语体系，在档案的建立、留存等方面，注重与人民幸福和民族复兴相关的档案，建立覆盖人民群众和民族复兴各个方面的档案资源体系，成为催化中华文明国家话语体系成形最系统的叙事资源。

从中层来看，以我国档案馆特别是综合性档案馆为桥梁——通过挖掘稀缺、高质量档案展示中国档案事业保护人类文化遗产、守护中华文明、保存社会记忆的积极贡献，对内加深国内民众对中华文化的归属与自信，对外加深国外民众对中华文化的认识和共情。以我国档案馆特别是专门档案馆为窗口——通过完善在人口、地理等领域的实际数据，推动档案数据的成果转化及实施，成为支持中华文明国家话语体系建设最精准的叙事资源。

从基层来看，谱牒档案等展示"中国传统社会是一个以家庭、家族、宗族为纽带而形成的社会"特征和"爱国爱家"蓝图等的珍贵档案，可通过家庭建档、合作开发等方式加以集聚盘活，展示基层社会人民群众的文化实践，成为支撑中华文明国家话语体系发展最生动的叙事资源。

2. 注重历史现实，完善档案利用体系

让"和平""消除贫困""人类命运共同体""共同富裕"成为人类共识，在档案的开发利用、提供服务方面，注重围绕人民幸福和民族复兴，建立方便人民群众并能有效为民族复兴各个方面服务的档案利用体系，从历史与现实两个维度出发，利用档案史料阐释好中华民族文化自信。

一方面，档案宣传工作，需要深入浩瀚的中华民族历史长河中，做好对中华优秀传统文化、革命文化和社会主义先进文化的弘扬，通过档案史料阐释好历史逻辑和历史规律。另一方面，要直观生动地诠释中华民族选择中国共产党、选择社会主义制度、选择中国特色社会主义道路的现实必然，展现中国共产党领导中国人民所取得的伟大成就和行动趋向。

具体而言，政治领域，发挥档案开放及政府信息公开在发展社会主义民主政治、公民参政议政等方面的重要作用；经济领域，发挥各领域专业档案的独特作用，尤其是信用档案、房地产档案、婚姻档案、诉讼档案、司法档案等在社会主义市场经济建设中的重要作用；社会领域，发挥档案记忆理论在构建完整社会记忆、电子档案法规在保障社会规范运行及保障弱势群体权益、档案治理体系在调节各群体社会关系及维护社会公平正义等方面的重要作用；文化领域，满足档案文化需求，把握档案文化交流主动权，发挥档案在留史、育人、对外交流方面的重要作用；生态领域，发挥档案在林草植被建设、地质水文环境保护等方面的重要参考作用。最终发挥中华民族共同体档案在凝聚共识、聚集国力、维护统一等方面的强大支撑作用。

3. 灵活转化打造档案理论体系

中国式现代化不是从天而降的话语体系，是基于历史、理论、实践经验发展起来的具有说服力、引领力的话语体系。从实践转化到文本，从话语组合、话语集合转化到话语体系，档案在两个转化中可以发挥重要作用。档案真实、详尽地记录中华特色文化、中国特色社会主义理论实践发展历程，以档案为基础汲取、凝练并建构发展包括学术话语、民间话语和国际话语在内的原创话语体系，较为适宜。

（1）在于拓展性挖掘。从中国档案实践提炼出来的普遍性理论成果提升话语的可参与性。

（2）在于国际性转化。着眼中国国际话语权及国际战略规划布局，积极调整中国话语表达方式，建设具有国家特色、国际特征的档案叙事体系，服务中国经济建设及社会治理的实际需要。例如以社会主义核心价值观引领红色档案叙事，通过严谨的逻辑、精准的内容、适宜的宣传方式保证叙事的客观性，引领国内外舆论正能量。

4. 夯实交流渠道，建设档案外宣体系

（1）继续夯实行业内在交流渠道。为中国文献遗产影响力提升工程，档案部门应抓住国家现代化发展的关键节点，以各类型档案资源利用为阵地，通过历史文献的关联打通中外交流的共同记忆，通过与沿线国家共建档案资源库等方式帮助沿线国家保存并构建社会记忆，留存与中国合作发展的记忆资源；以地方特色档案资源为依托，对重大档案项目海外推广工程和具有示范性的档案资料对外交流活动进行财政与税收政策扶持。

（2）积极融入国际文化交流平台。借力国际文化交流活动、大型国际文化交流活动与项目，加强城市优秀历史档案文化遗产的宣传与推广，大力推动以档案为载体的中华文化走出去，发挥中国档案事业发展道路与模式在国际档案事业中的示范性、引领性。此外，探索利用公众民间交流宣传渠道。引导和促进民间力量参与档案资源整合与国际化传播活动，探索民间力量与政府行为结合的档案资源整合传播的长效机制。

第三节　中国档案事业现代化发展实施路径

一、档案事业的管理作用

管理是人类一种有目的的创造性活动，它是社会中的组织或个人，为达到预期的目的，依据一定的理论和规范，运用科学的方法和手段，对所从事工作的对象进行决策、计划、组织、指挥和控制等一系列活动的总称。管理的内容是很丰富的，涉及政治、经济、文化、社会生活等领域和层面。

"随着社会的快速发展，档案事业也在紧跟着时代的步伐，不断地改革创新，档案对于国家，社会，甚至是个人都是十分重要的，它记录着成长的点滴，记录社会进步的过程，记录国家的发展历程，所以对于档案的管理是不可忽视的。"①档案事业的管理当然也包括其中。档案事业管理是指对国家或地区档案事业实行有组织有计划的领导或监督、指导，并协调其内部关系和外部关系的工作，它是整个国家管理系统的重要组成部分，也是档案事业系统中的主要环节。

档案事业管理从宏观上、整体上管理国家档案事务，不断调节档案事业系统的内外部关系，促进档案事业的发展，为国民经济和社会发展服务。

（一）档案事业管理是实现档案工作总目标的重要手段

为社会主义现代化建设服务是档案工作的总目标。加强档案事业管理工作，可以促使档案管理部门更加坚定为社会主义现代化服务的方向，做好档案提供利用服务工作。

档案事业管理部门可以充分发挥职能作用，坚持档案工作的党性原则与政治原则，坚持为四个现代化服务的大方向，促使档案管理部门在做好档案基础工作的前提下，努力做好档案利用服务工作。档案事业管理部门在指导档案馆（室）工作中，时刻都要把档案提供利用服务工作放在突出位置，只有这样才能有助于档案工作总目标的实现。

（二）档案事业管理是建立依法治档新秩序的组织保证

《档案法》的颁布实行，是我国档案事业发展的里程碑，为我国建立依法治档的新秩序提供基本依据，也提出新的任务和要求。档案事业管理部门是档案工作的组织领导者，在建立依法治档新秩序的过程中有十分重要的责任。过去，有些档案行政主管部门在指导档案工作时，只凭经验办事，缺乏法律规范与科学

---

① 王志英. 档案保管利用中的保密问题探讨 [J]. 法制博览，2020 (24)：247.

性，就会致使少数单位的档案工作至今仍处于各行其是、自由发展的阶段，对档案事业的协调、全面发展就会产生严重影响。档案事业管理部门应该依法对档案工作进行指导，在一些基本问题上，坚持用法律进行规范，用法规来统一思想、统一行动。

（三）档案事业管理是协调档案事业与社会其他各项事业关系的纽带

档案事业与社会的政治、经济、科技、文化等事业有极为密切的联系，它们相互依存、相互制约、相互作用。社会的政治、经济、科技、文化等活动是档案事业赖以存在和发展的前提和基础，档案事业又为这些活动提供条件和依据。我国档案事业虽然有了长足的发展，但依旧面临诸多的困难和问题。要解决问题，档案事业管理部门就必须努力把档案事业的建设列入国民经济和社会发展计划。

（四）档案事业管理是促进档案事业不断发展的有力措施

目前，与我国的政治、经济、科学、技术、文化等各项事业紧密结合并为之服务、协调发展的具有中国特色的国家规模的档案事业已经初步形成，它是一个联系广泛、规模宏大、内容丰富、上下结合、纵横交错的复杂的大系统。要把这一个大系统有序地组织起来，既使其内部结构合理，各项工作能够均衡发展，又使其与国民经济和社会发展同步，就必须提高档案事业的科学管理水平，认真地研究和把握档案事业管理的现象和规律，完成档案事业管理工作，实现档案工作的总体计划。加强档案事业管理工作，能够适应档案工作改革开放的需要，提高工作效率，保证工作质量；能够促进档案工作由经验管理向科学管理转变；还能够加速解决档案事业发展过程中的各种矛盾和问题。因此，必须加强对档案事业的科学管理。

二、中国档案事业现代化发展的重大意义

第一，中国档案事业现代化是档案事业目前的发展趋势。中国共产党团结带领全国各族人民为实现国家富强、人民幸福而不懈奋斗，档案就详细记录了这一

发展历程。随着中国现代化建设进程的不断推进，中国档案事业也在逐步迈向现代化发展。档案管理记载着中国历史发展的脚步，承载着中国历史文明建设的过程。中国档案事业应立足我国的基本国情，不断建设档案安全指标体系，并且引入现代化高科技信息技术，一步步地迈向现代化建设。中国档案事业现代化发展使得我国档案管理的发展更上一个台阶，中国档案事业现代化发展也是档案事业目前的发展趋势。

第二，中国档案事业现代化能够推动档案事业高质量发展。高质量、高效率地发展，是新时期我国对于各类经济建设的要求之一。在此期间产生的档案，主要记载着我国历史发展的国情，并且影响着我国人民的切身利益。中国档案蕴含着党的使命，档案管理工作不仅要做到位，并且要能够让其发挥重要的价值，将我国为实现伟大复兴目标的行程脚步记载完整，让后人能够利用档案资料不断地学习奋进，不断创新中国档案事业现代化发展路径，完善中国档案事业现代化发展指标体系建设。

第三，中国档案事业现代化可以体现我国人民的奋斗精神。我国经济建设的迅速发展，是基于我国人民不断努力奋斗的精神。这些劳动人民的智慧与劳动成果，都被档案记录下来。档案中能够集中反映我国各族人民的生活方式，以及各民族的文化背景，记载着中国五千年文明建设的发展足迹。不仅如此，我国的档案馆蕴藏着重要的历史档案，对于这些重要的历史档案，要让其发挥价值，让这些历史档案更好地为人民服务，才是档案信息留存的最终目的。

三、中国档案事业现代化发展的优化路径

（一）牢记理想信念，坚定正确立场

第一，坚定党管档案的政治原则。切实加强党对档案工作的领导，把牢正确政治方向，深刻领悟"两个确立"的决定性意义，把"两个维护"作为最高政治原则和根本政治规矩，融入贯穿到档案工作全过程各方面，始终坚守"为党管档、为国守史、为民服务"的初心和"为党护旗、为国家立心、为民族铸魂"的使命，以高度的政治责任感推动档案事业奋发前进，为中国式现代化建设贡献

档案力量。

第二，坚定中国道路的政治方向。世界各国都有着各自的档案事业现代化建设方案，而我国档案事业发展之所以能够取得优异成绩，同党的领导是分不开的。档案事业发展必须以中国式现代化的核心要义为发展基准，为党和国家大局、人民群众幸福贡献力量。

（二）讲好中国故事，传递中国话语

第一，坚持问题导向，提升服务中心大局效果。坚持问题导向，问题是时代的声音，档案部门坚持问题导向，就是要全面服务国家和社会发展，以档案资源建设和档案利用服务赋能各行各业的高质量发展需求，对标国家社会发展实践中遇到的新问题、改革发展稳定存在的深层次问题、人民群众急难愁盼问题、国际变局中的重大问题、党的建设面临的突出问题，充分发挥档案的资政参考作用，为解决这些问题提供智力资源。

第二，坚持守正创新，推动档案工作现代化转型。随着信息技术的迅猛发展和国家社会对档案需求量的跃升，档案工作面临着提质增效、提档升级的新要求。档案部门应坚持守正创新的理念，在继承和发扬我国档案工作的典型做法与可供推广的重要经验的基础上，开拓创新，在全面考虑如人工智能等新一代信息技术的应用场景及风险管控的基础上，推动档案工作逐步转型，跟随时代脚步提出更多更好的做法，以扎实的档案工作基础服务党和国家工作大局。

第三，拓展对外交流，利用档案传递中国话语。我们要深入推进档案对外合作交流，以双边、多边机制，深化与国际档案理事会及其地区分会等国际组织交流合作、参加国际项目等形式，重点关注档案文献遗产影响力提升工作，发挥好世界记忆项目北京、福建和苏州等学术中心的重要作用，不断将中国的档案工作经验推广出去，将优秀的中华文化传播出去，将中国话语和叙事体系传递出去，将美丽动人的中国故事讲述出去，提升国家的国际影响力。

（三）服务人民群众，提升服务实效的社会使命

梳理中国式现代化的深刻内涵，不难发现，追求人的全面而自由地发展，是

中国式现代化的重要价值取向，档案事业作为国家社会发展的重要构成，必须承担起造福人民的社会使命。

第一，推进档案资源体系建设，拓展档案资源范围。档案部门需要紧随国家社会发展现实，及时调整档案资源收集范围，创新开展档案收集工作和建档立卡工作，横向上关注新生的建档需求；纵向上优化档案资源收集结构，如大范围接收有关民生福祉的各类档案资源等，以制度化建设和高效化执行，加强各类档案资源质量管控，奠定后续档案资源开发利用的基础。

第二，推进档案资源利用体系建设，奠定档案利民基础。进一步加大档案开放力度，完善有关于档案开放相关的制度，尽可能结合实际情况依法提前开放需求量大的档案资源，方便人民群众利用，推动档案事业走向开放、走向现代化。同时，提升档案服务水平，持续优化档案利用环境，简化档案利用程序，以信息化建设打破档案信息资源壁垒，实现真正意义上的档案资源共享，满足人民群众的档案信息和档案文化需求，真正实现让"档案信息资源多跑路，群众少跑路"的目标。

第三，推进档案参与体系建设，保障公民档案权利。档案部门在提高工作成效的同时，也应当提供多种多样的渠道和方式，善用数字技术，创新工作方式，在直面人民群众诉求和需求的同时，提升档案工作的现代化水平。如欧洲时光机项目便充分运用档案数据来勾勒历史场景，还原了欧洲历史和文化源流，并且邀请广大公民参与项目。

（四）坚定文化自信，赋能文化强国的文化使命

文化自信是推动国家发展、实现中华民族伟大复兴的精神动力。档案记录着文明，承载着文化，见证了中华文明灿若星辰的五千年的历史。档案不仅记载了内化于中华儿女精神世界的价值观念、道德伦理，还见证着、呈现着党领导全国各族人民逐步实现中华民族伟大复兴的壮丽篇章。档案事业必须承担起弘扬中国精神，阐释文化自信的文化使命。

第一，融入"新的文化使命"，着力巩固文化主体性。档案部门以档案文化建设为事业发展底层逻辑，以档案资源建设为根基保障，通过协同与引领相关文

化部门推动国家文化事业整体性发展，为中华民族现代文明建设贡献档案力量。

第二，关注优秀传统文化，推动档案文化产业发展。当前我国还有诸多优秀的传统技艺、传统风俗等传统文化，尚处于无保护的状态，档案部门必须抓紧开展相关建档工作，加强同各种文化传承人的联系，加大对相关档案的征集力度，并以口述记录等多种方式主动形成各种档案，以有形之档案留存无形之文化，并在此基础上完善一系列的档案管理工作，以建设档案数据库、开发文创产品等为基础发展思路，以文化产业发展、文旅融合拓展等为延伸发展思路，助力中华文化繁荣。

第三，创新档案文化服务，提升文化传播效果。随着科技发展和社会进步，文化的传承和传播形式也越发多样，人民群众的需求也越发多样。应当开阔思路，以新技术、新理念、新思维，利用档案资源，创新提供多种形式的档案文化服务，在提升人民群众满意度的基础上，不断传播优秀中华传统文化，坚定文化自信。

参考文献

[1] 卜昊昊, 张斌. 中国自主的档案学知识体系: 内涵意蕴、生成动因与构建路径 [J]. 档案学研究, 2023 (06): 4-9.

[2] 曹灿, 孙凯明, 郝明, 等. 基于大数据技术的档案管理系统设计与实现 [J]. 自动化技术与应用, 2024, 43 (03): 152-154.

[3] 常大伟, 黄轩宇. 中国式档案事业现代化的时代内涵与发展路径 [J]. 中国档案, 2023 (07): 14-15.

[4] 陈超. 档案工作的美学研究 [M]. 延吉: 延边大学出版社, 2019.

[5] 陈文天. 档案信息化建设人才需求类型及培养途径分析 [J]. 黑龙江档案, 2015 (05): 48.

[6] 杜永江. 浅谈档案保管工作的意义和任务 [J]. 科技视界, 2014 (33): 220.

[7] 段莹茹, 汪巧红, 常大伟. 构建中国特色档案学自主知识体系 [J]. 档案管理, 2024 (02): 120-121+125.

[8] 盖丹. 物联网技术在档案智能化管理中的应用 [J]. 兰台世界, 2022 (10): 104-107.

[9] 盖厦, 刘晓卫, 樊冰. 云计算技术对档案信息化的影响和启示 [J]. 办公室业务, 2016 (23): 191.

[10] 葛红. 企业档案信息化建设的实践与思考 [J]. 档案学通讯, 2011 (01): 92.

[11] 管博. 应用大数据技术开展企业档案编研工作 [J]. 现代企业, 2022 (09): 62.

[12] 郭美芳, 王泽蓓, 孙川. 档案信息化建设与管理 [M]. 长春: 吉林人民出版社, 2021.

[13] 郝琦, 于玥, 牛智凯. 我国档案软件行业发展的现状、问题和对策 [J]. 档案学通讯, 2023 (03): 38-45.

［14］胡娟. 信息技术对企业信息化建设产生的影响探索［J］. 信息记录材料，2023，24（07）：89-91.

［15］胡丽颖. 构建数字档案信息资源共享机制研究［J］. 城建档案，2021（01）：46-47.

［16］黄建峰. 积极融入数字中国建设加快档案信息化战略转型［J］. 中国档案，2022（10）：32-33.

［17］黄静. 档案事业管理学［M］. 合肥：安徽大学出版社，2017.

［18］黄晓霞. 基于融媒体的档案信息化建设研究［J］. 兰台世界，2023（06）：74-76.

［19］黄亚军，韩国峰，韩玉红. 现代档案信息化管理与建设研究［M］. 长春：吉林人民出版社，2021.

［20］季伟. 档案信息化视阈下档案人才队伍建设的演变、目标及路径［J］. 机电兵船档案，2024（01）：19.

［21］蒋卫荣，刘言. 中国档案事业史的内容主体、边界及其他［J］. 档案与建设，2023（02）：20-26.

［22］李财富. 关于建构中国自主的档案学知识体系的若干思考［J］. 档案学通讯，2023（03）：4-12.

［23］李娟. 浅谈档案信息化建设［J］. 中国管理信息化，2017，20（17）：198.

［24］李萍. 大数据背景下医疗档案管理信息化改革刻不容缓［J］. 中国档案，2020（06）：58-59.

［25］李小霞，王文科，冉静. 基于数字版权管理技术的数字档案安全可控利用平台的构建［J］. 中国档案，2024（02）：66-68.

［26］李晓丽. 大数据背景下医院档案管理信息化建设初探［J］. 中国档案，2020（09）：40-41.

［27］李扬. 高校档案专业人才培养浅议［J］. 档案时空，2015（12）：33.

［28］李玉芹. 对档案收集工作的几点浅见［J］. 山东档案，2022（05）：55.

［29］连志英，陈怡，王锦文，等. 近二十年中国档案事业发展注意力变迁研究——基于"十五"至"十四五"全国档案事业发展规划文本的分析

[J]. 档案学研究，2024（02）：22-29.

[30] 连志英. 中国档案学自主知识体系的建构：理论阐释与实现路径 [J]. 图书情报工作，2023，67（20）：70-78.

[31] 刘杰. 加强与完善档案数据库建设的路径研究 [J]. 兰台内外，2023（06）：45-47.

[32] 刘水英. 县级档案信息化建设探析 [J]. 中国档案，2021（09）：44-45.

[33] 陆晓娇，季洪材. 中国式档案事业现代化的理论内涵、品格要求与发展路径 [J]. 档案与建设，2023（08）：11-14.

[34] 马树泉. 高校档案管理信息化建设探究 [J]. 内蒙古民族大学学报（社会科学版），2022，48（04）：119.

[35] 马双双，高广琦. 重特大事件档案专题数据库建设现状、问题及路径分析 [J]. 北京档案，2023（12）：26-29.

[36] 聂云霞，黄星. 新文科背景下档案学专业人才培养模式构建 [J]. 北京档案，2021（12）：37-39.

[37] 潘菲，林秀茵. 基于产教融合的我国普通高校档案学专业人才培养研究 [J]. 档案与建设，2023（03）：61-64.

[38] 沙敏. 个性服务视域下的高校档案数据库建设 [J]. 档案管理，2020（03）：115-116.

[39] 宋书娟，余艳，贾丽娜. 医院档案管理与信息化建设 [M]. 长春：吉林人民出版社，2020.

[40] 覃兰花，蒋宏灵，韩效东，朱耿雨，覃福进. "十四五"时期档案人才培养需求分析 [J]. 中国档案，2021（11）：70-71.

[41] 唐启. 中国立场，国际表达——中国档案学术话语体系自主建构的理与路 [J]. 档案学研究，2021（01）：12-17.

[42] 田蕊. 基于大数据技术的图书数字信息资源管理系统设计和实现 [J]. 信息记录材料，2024，25（04）：134-136+139.

[43] 王灿荣. 现代档案管理及其信息化建设研究 [M]. 北京：中国书籍出版社，2017.

［44］王嘉逊. 数据开放环境下档案资源共享研究［D］. 保定：河北大学，2019：1.

［45］王静. 档案信息化建设的必然趋势与实现路径［J］. 办公室业务，2022（10）：117-118.

［46］王庆汉. 信息化视角下的高校档案管理建设与创新［M］. 哈尔滨：北方文艺出版社，2022.

［47］王雨晴，于英香."十四五"期间我国档案记忆工程的推进与思考［J］. 北京档案，2024（02）：24.

［48］王运彬，孟一凡，李健. 档案与中华文明国家话语体系的构建［J］. 山西档案，2024（1）：17-24.

［49］王志英. 档案保管利用中的保密问题探讨［J］. 法制博览，2020（24）：247.

［50］魏莹莹，曹玉. 新中国成立以来档案资源服务理念的转型及规律揭示［J］. 档案与建设，2023（02）：37-40.

［51］相颖. 档案信息化战略转型与发展之浅见［J］. 浙江档案，2023（05）：58-60.

［52］肖久恩. 基层单位档案信息化建设问题探究［J］. 就业与保障，2022（02）：20-22.

［53］谢玉娟，宋欢，刘翠红. 档案信息化建设与信息资源存储研究［M］. 北京：中国商务出版社，2023.

［54］邢变变，李欣钰. 强基·赋能·助力："十四五"时期档案工作数字转型的实现路径研究［J］. 档案管理，2022（02）：33-36.

［55］徐洁. 档案高技能人才培养的若干要务［J］. 浙江档案，2021（07）：60-61.

［56］徐世荣. 档案信息化建设与管理创新研究［M］. 长春：吉林文史出版社，2021.

［57］徐晓春. 基于RFID技术的档案信息化管理模式探究［J］. 海峡科技与产业，2022，35（10）：79-81.

［58］许建智，王艳艳. 新时期档案信息化建设的几点思考［J］. 档案与建设，2020（10）：50-52+60.

［59］许秀. 高校档案管理与信息化建设研究［M］. 哈尔滨：哈尔滨工业大学出版社，2020.

［60］杨文，张斌. 再论新时代中国特色档案学话语体系的构建［J］. 图书情报知识，2022，39（04）：30-42.

［61］杨文. 中国档案人才队伍建设的演进脉络与优化策略［J］. 档案学研究，2023（05）：30-39.

［62］杨晓玲，张艳红，刘萍. 档案信息化管理与建设研究［M］. 长春：吉林人民出版社，2022.

［63］杨阳. 高校档案管理信息化建设［M］. 长春：吉林文史出版社，2019.

［64］尹鑫. 论构建中国自主的档案学交叉学科知识体系［J］. 浙江档案，2024（02）：32-33+36-38.

［65］张斌，杨文. 建构中国自主的档案学知识体系［J］. 中国图书馆学报，2023，49（02）：41-56.

［66］张慧利. 医院档案管理及其发展研究［M］. 成都：电子科技大学出版社，2017.

［67］张璐璐. 档案信息化建设与管理创新［M］. 秦皇岛：燕山大学出版社，2021.

［68］张梦娜. 档案信息化建设与档案管理的研究［J］. 中国管理信息化，2024，27（05）：166.

［69］赵东龙. 高校档案管理工作的现状与对策探讨［J］. 档案管理，2021（03）：121-122.

［70］赵梅，白子滢，任华. 现代档案信息化管理与建设研究［M］. 秦皇岛：燕山大学出版社，2023.

［71］赵颖. 中国式现代化下档案信息资源的开发利用［J］. 兰台内外，2023（30）：48.

［72］邹佳健，廖淑莉，孙敬懿. 现代档案信息化管理与建设研究［M］. 长春：

吉林人民出版社，2022.